파르테논 마블스,
조각난 문화유산

파르테논 마블스, 조각난 문화유산
약탈로 만들어진 대영박물관의 엘긴 마블스, 그 뻔뻔한 역사

지은이 | 크리스토퍼 히친스 외
옮긴이 | 김영배·안희정
펴낸이 | 김성실
기획편집 | 이소영·박성훈·김진주·채은아·김성은·김선미
마케팅 | 곽홍규·김남숙
인쇄·제본 | 한영문화사

초판 1쇄 | 2015년 10월 15일 펴냄

펴낸곳 | 시대의창
출판등록 | 제10−1756호(1999. 5. 11)

주소 | 121−816 서울시 마포구 연희로 19−1 4층
전화 | 편집부 (02)335−6125, 영업부 (02)335−6121
팩스 | (02)325−5607
이메일 | sidaebooks@daum.net

ISBN 978−89−5940−580−0 (03920)

책값은 뒤표지에 있습니다.
잘못된 책은 바꾸어드립니다.

이 도서의 국립중앙도서관 출판시도서목록(CIP)은
서지정보유통지원시스템 홈페이지(http://seoji.nl.go.kr)와
국가자료공동목록시스템(http://www.nl.go.kr/kolisnet)에서 이용하실 수 있습니다.
(CIP제어번호: CIP2015025050)

파르테논 마블스,
조각난 문화유산

크리스토퍼 히친스 외 지음

김영배·안희정 옮김

The
Parthenon
Marbles

The Case for Reunification

시대의창

일러두기

1. 인명, 기관명, 유적명 등의 고유명사와 고대 건축 용어 등은 가독성을 위해 되도록 원어 병기를 하지 않았다. 옮긴이와 편집자가 중요하다고 판단한 것만 '찾아보기'에 병기했다.
2. 이 책의 모든 주석은 독자의 이해를 돕기 위해 옮긴이가 단 것이다.
3. 49쪽의 도면은 원서에 없던 것으로 한국어판에 추가한 것이다.
4. '부록 3'을 제외한 이미지의 출처는 283쪽 '이미지 저작권 및 출처'에서 찾아볼 수 있다.

네이딘 고디머 서문

그리스 파르테논 신전의 프리즈[1]를 장식하던 대리석 조각 대다수를 들고 가면서 영국은 오만한 제국주의의 민낯을 제대로 보여주었다. "더 넓고 넓게 당신의 영역이 세워지니"[2] 대영제국은 다른 나라의 통치권을 접수하는 데 그치지 않고 그 나라 사람들의 에토스[3]와 역사, 종교 신화, 국민성으로 고취된 예술품을 가져갔다. 19세기 초반 영국의 한 박물관은 다른 나라의 문화유산을 취득하면서, 그것을 누가 어떤 경로를 거쳐 팔았는지를 간과하는 비윤리적인 태도를 보였다. 상당한 논란이 오갔는데도 이를 무시한 채 일관되게 오만한 제국주의의 이름으로 묵인한 것이 분명

---

1 frieze. 서양 고전 건축에서 기둥머리가 받치고 있는 세 부분 중 가운데로 흔히 연속된 부조로 장식되어 있다. 49쪽 참고.

2 "Land of Hope and Glory(희망과 영광의 나라)"의 가사 일부로, 이 노래는 영국에서 국가처럼 불린다.

3 ethos. 어떤 민족이나 사회가 공통적으로 가지고 있는 관습, 윤리, 가치.

하다.

그러나 이는 과거의 일이다. 엘긴 마블스의 반환은 21세기로 들어서면서 법적 근거, 예술품 취득으로 정당화되던 식민주의의 부정직한 근거보다 더 광범위한 근거를 (적절히) 마련하는 과제를 추진하는 중이다.

이 과제의 시작은 '엘긴 마블스Elgin Marbles'라는 용어부터 버리는 것이어야 하겠다. 이 조각들은 지금도 과거에도 엘긴의 조각인 적이 한 번도 없었다. 엘긴 경은 이 조각들을 제작한 작가가 아니다. 이 책에서 자세히 밝히겠지만, 엘긴 경은 오스만제국 말기 그리스 주재 영국 대사라는 직위를 남용해 고대 그리스에서 만들어진 아테네 아크로폴리스 파르테논 신전의 프리즈에서 이것들을 강탈해 간 사람일 뿐이다. 이런 배경을 돌아볼 때 이 조각들이 그리스의 것이라는 주장은 당연하다. 그러나 한편으로 파르테논 프리즈는 고대 그리스 문화의 대표적 상징이라는 점에서 그리고 인본주의 사상과 예술미의 기원이라는 점에서 세계 공통의 문화유산이라고 할 수 있다. 우리가 인지하지 못할지라도 민주주의 미학의 상당 부분이 여기에서 잉태되었다. 따라서 이 주장은 또 다른 질문으로 이어질 수밖에 없다. 그렇다면, 인류 발전이라는 관점에서 이와 같은 세계 공통의 예술 작품은 어디에 전시되어야 마땅할까? 어디에 있을 때 더 많은 사람들에게 영감을 줄 수 있을까? '런던의 대영박물관'이라고 답한다면, 당신은 영국이 세계의 중심이라는 제국주의적 관점을 신봉하는 사람일 것이다. 어쩌면 파르테논 프리즈가 세계 그 어느 곳보다 영국에 있을 때 더 많은 관람객이 볼 수 있다고 생각할지 모르겠다. 나는 아테네와 런던을 찾는 방문자들을 구분할 만한 특징을 알지 못한다. 영국에도 그리스에도 살지 않는 수많은 세계 인구의 한 명인 내게 두 나라 모두 주말 오후에 시간을 잠깐 내서 문화를 즐길 수 있는 곳이 아니다. 여행 수단이 충분한 복 받은 사람들조차 유럽 대륙에서 멀리 떨어진 런던과 남동부 발칸 반도 남단에 있는 아테네를 한 번의 여행으로 돌아보기가 쉽지 않다. 많은 사람들에게 아테네와 런던 중 어디로 갈지를 결정하는 기준이 그 조각을 볼 수 있는지 없는지 여부일 수도 있다. 그렇다면 파르테논 조각이 있는 바로 그곳이 선택받을 것이다. 그런데 파르테논 조각은 그리스인들의 유전자에 각인되어 있다. 그리고 파르테논 대리석상이 창조적 인간의 특징을 물려받은 우리 모두에게 속한 것이라고 해도, 세상 어느 곳도 아닌 아테네에서 창조의 결실이 맺어졌다면 이 작품들이 있어야 할 최적의 장소는 어디겠는가?

대영박물관에서 파르테논 대리석상을 지금처럼 보유해야 한다고 주장하는 사람들이 허울 좋은 접근성이라는 명분 말고 자주 내세운 명분은, 이 조각상들을 돌려주고 나면 박물관의 다른 외국 보물들도 모조리 돌려줘야 하는 대이동으로 번질 수 있다는 두려움이다. 그러나 이는 세계 곳곳에 다른 모습으로 존재하는 인류의 심오한 예술적 **표현력**과 그 가치를 지향한다는 박물관들의 존립 목적과 정면으로 대치되는 주장으로 보인다. 인류는 과거에서 현재에 이르기까지 다양한 환경에서 저마다의 예술을 발전시켜왔다. 박물관이 텅 비고 말 것이라는 지나친 비약은 일단 접어두고, 우리는 각자 다른 문화 속에서 꽃피는 서로 다른 예술을 인정할 필요가 있다. 더욱이 해당 예술품이 창조된 문화적 배경을 훼손하지 않고서 합법적으로 외국 박물관에 옮겼던 사례가 얼마든지 있다.

"사물은 그 자체로 완전하다"라는 주장도 있으나 파르테논 대리석상의 경우 이는 완전히 자기기만적인 판단이다. '엘긴' 마블스는 대영박물관의 한구석보다 아테네에 있을 때 더욱 온전하기 때문이다. 예술적으로 볼 때도 완전한 하나로서 더욱 완벽하고 웅대했던 파르테논 대리석상은 파괴되고 부인되었다. 기독교와 무슬림 정권, 300년에 걸친 오스만제국의 약탈과 정복이 파르테논을 산산이 조각내 흩어지게 했다. 지금이라도 흩어진 파르테논을 온전하게 돌려놓아야 한다. 대영박물관의 파르테논 조각을 그리스에 반환하는 일은 그리스뿐만 아니라 전 세계 문화유산의 회복을 의미하기 때문이다.

엘긴 경을 옹호하는 이들은 이처럼 가치 있는 작품일수록 도리어 대영박물관에서 보존하는 것이 바람직하다고 주장한다. 일리가 없지는 않다. 세계 도처의 훌륭한 문화유산들이 정치적, 종교적 분쟁에 휘말려 파괴되는 동안 외국 박물관의 보호를 받고 알맞은 환경에서 살아남은 사례가 있는 까닭이다. 그 작품들은 박물관에 소장되어 종교적, 예술적, 사회적, 정치적 중요성이 적힌 푯말을 자랑스럽게 달고 있다. 그러나 박물관 운영진은 그 작품의 진짜 주인들이 살던 시대와 장소에 대한 연속성에 대해서는 관심을 기울이지 않는다.

현재 그리스는 자국의 문화유산을 전시하고 보존할 수 있는 법령과 시설을 완벽하게 갖추었다. 뉴 아크로폴리스 박물관 내의 파르테논 갤러리는 파나테나이아 축제 행렬을 새긴 106미터에 달하는 프리즈 조각을 전시할 공간을 마련했고, 파르테논의 전경이 한눈에 내려다보이는 곳에 자리해 있다. 문제는 이 비워둔 자리들이다. 이 자리들은 대영박물관으로부터 명예롭게 반환된 프리즈 조각들로 채워져야 할 것이다. 존중과 정의가 절실한 때이다.

크리스토퍼 히친스 서문

오래전 칼 포퍼 경에 대해 철학자 브라이언 매기가 쓴 글을 읽은 적이 있다.[1] 칼 포퍼는 토론이 제대로 이루어지려면 논쟁과 반론 방식에서 다음과 같은 가정을 인정하고서 시작해야 한다고 말했다. 정반대 입장을 견지한 두 사람이 아무리 분명한 논리와 증거를 들이대도 토론으로 상대를 설복하거나 납득시키는 일은 좀체 일어나지 않을 것이다. 설복당하는 경우가 아주 간혹 있기는 하다(피터 드브리스의 소설 《캘러머주를 향해 휘청휘청 걸어가다》에 흥미로운 일화가 소개된다. 소설의 배경이 되는 캘러머주에서 무신론자와 성직자가 공개 논쟁을 벌이다가 결국 서로에게 철저히 설득당해 개종에 이른다). 하지만 현실에서 이런 일은 드물다고 인정하자. 포퍼에 따르면, 그 대신 두 토론자는 끝까지 자신의 원래 입장을 고수한다는 것이

---

1 *Karl Popper, Penguin*, 1973. 《칼 포퍼》, 문학과지성사, 1982.

다. 하지만 자신의 입장을 그대로 유지하진 못한다. 토론 당사자들은 분명하게 자각하지 못해도, 객관적이거나 사심 없는 제삼자의 눈에는 두 토론자의 입장 변화가 보인다는 것이다.

내게 자연적 정의[2]에 입각해 파르테논 조각의 반환을 지지하는 글 한 편을 써달라며 접근한 (당시) 영국 파르테논 조각 환수 위원회와 함께한 지 어느덧 20년이 흘렀다. 오스만제국의 무자비한 폭정 아래 무력한 노예가 되어버린 그리스는 파르테논에서 조각이 절단되고 약탈당하는 것을 지켜볼 수밖에 없었다. 멜리나 메르쿠리[3]는 이 문제를 전 세계로 알린 투사였으며, 영국위원회는 그녀의 주장에서 영감을 얻어 조직되었다. 내 생각에 적어도 이 단체는 터키의 제국주의가 키프로스 섬에 잔혹한 폭력으로 가한 문화적 압제뿐만 아니라 그리스의 오랜 군사독재를 뚫고 솟아오른 여명과 같았다. 당시에 친親그리스주의자임을 밝힌다는 것은 염치를 모르는 정치적 행위로 인식되었기에, 나는 뻔뻔함을 무릅쓰고 그러한 사실을 밝혔다. 이 조각들에 관해서 정의를 회복하자는 캠페인은 큰 반향을 불러일으켰고, 영국의 자유주의자와 진보주의자 간의 연대를 이끌어냈고 그리스의 자유와 독립에 기여했다.

그때 내가 글로 쓴 내용 가운데 철회하거나 입장을 바꾼 부분은 하나도

---

2 natural justice. 도덕관념과 인간적 양심을 기준으로 하는 정의로 법적 정의와 대립된다.

3 Melina Mercouri(1923~1994). 영화 〈일요일은 참으세요〉로 칸 영화제 여우주연상을 받은 그리스의 국민 배우로, 그리스의 독립과 민주주의를 위해 정치 활동도 활발히 벌였다. 이 책에도 언급되지만 사회주의 정권에서 문화부 장관으로 있으면서 전 세계 사람들에게 파르테논 반환을 호소했다.

없다. 그 이후 로버트 브라우닝 교수와 피터 톰슨을 떠나보내는 슬픔을 겪었다. 이 두 사람과 나는 그리스 군사 쿠데타 정권junta과 맞섰고, 키프로스 침공에 항의했으며, 잊혀가던 파르테논 대리석상 재결합 운동을 되살리기 위해 노력했다. 내가 공론화에 일정 부분 기여했다고 자부하는 단어 '재결합reunify'은 우리 위원회의 일부가 되었다.[4] 여하튼, 파르테논은 그리스의 것이므로 그리스인은 반환을 청구할 권리가 있다. (만약 넬슨 기념비와 같은 영국의 국가적 건축물과 조각상이 다른 국가의 압제 하에서 이런 식으로 훼손되었다면, 아마도 우리는 그 이야기를 귀에 못이 박히도록 들었을 것이다.) 내가 청중에게 이렇게 말했던 날이 기억난다. 말하자면, 나폴레옹 전쟁 당시 미술품 도둑들의 톱질에 의해 〈모나리자〉 패널이 절반으로 잘라진 모습을 상상해보세요. 잘라진 이 두 조각이 전쟁을 견디고 살아남아서, 한쪽은 코펜하겐의 한 박물관에 있고, 다른 한쪽은 리스본의 한 갤러리에 있다고 상상해봅시다. 당신 같으면 이 그림이 나란히 놓였을 때 어떤 모습일지 보고 싶다는 말을 참을 도리가 있을까요?

당신은 내가 '레오나르도 다빈치가 탄생한 토스카나에서 나란히 놓여야 한다고' 말하지 않는 이유를 눈치챘을 것이다. 왜냐하면 이 경우에는 어디서 재결합해도 무방한 것이 레오나르도 다빈치의 작품에서 국가나 지역적 맥락은 부차적 사안이기 때문이다. 그렇다면 나는 엘긴 경이 두고

---

4   2005년에 명칭이 'British Committee for the Restitution of the Parthenon Marbles'에서 '파르테논 조각 재결합을 위한 영국위원회British Committee for the Reunification of the Parthenon Marbles'로 바뀌었다.

온 파르테논의 나머지 조각들을 떼어내서 대영박물관에서 전시하자는 주장을 찬성한다는 말일까? 똑같은 질문을 당신에게 하겠다. 당신은 찬성하겠는가? 이런 질문에는 본질적 모순이 있는데, 결국 그 문제를 처음 꺼낸 사람만 당황시키고 끝날 수 있다는 점이다. 그리하여 다음 세 가지 선택지에서 하나를 고르는 문제가 되어버린다. (1) 유럽 양끝에 조각이 분리되어 있는 현재 상태를 유지하여, 앞으로도 누구도 이 작품이 함께 놓였을 때 들을 수 있는 이야기를 들을 수 없게 한다. (2) 그리스에 남아 있는 조각들을 대영박물관으로 옮긴다. (3) 대영박물관이 억류하고 있는 조각들을 새로운 아크로폴리스 박물관에 되돌려준다.

방금 언급한 새로운 아크로폴리스 박물관이 기나긴 논쟁에서 우리 측의 견해가 어떻게 진화해왔는지를 설명하는 데 유용하다. 20년 전의 나는 자신감이 충만해서 자연적 정의라는 원칙에 입각해 논쟁을 쉽게 할 수 있었다. 이 조각들이 아테네의 빛과 공기와 공간에 속하는데 그 외에 뭐가 더 필요한가? 하지만 그럼에도 해결될 기미가 보이지 않은 몇 가지 논점이 나를 거북스럽게 했다. 이 조각들이 아테네로 돌아간다면 어디에 놓여야 할까? 아테네에 남아 있는 패널들과 조각들의 상태는 어떠한가? 아테네 자체의 상태는 어떠한가? 이 질문들에 대한 답을 역순으로 해보겠다. 아테네는 오염으로 인해 엉망이었다. 현장에 있던 조각들의 상태는 개탄스러웠다. 아테네 시나 국가 당국이나 페이디아스와 그의 재능 있는 조수들이 만든 이 작품 일부라도 소장할 수 있는 곳에 대해 진지하게 고민하지 않았다.

이런 상황이 조각들이 어디에 있어야 하는지 미학적으로 또는 소유권과 관련된 원칙에는 전혀 영향을 주지 않았다. 하지만 그사이 대영박물관과 그 일당들은 무기고에 시간 끌기 전술과 연막전술을 가득 쌓았다. 여기에 실제 점유자라는 유리한 타성이 더해지면서 이 논쟁은 또다시 20년간 지지부진하게 진행되었다. 하지만 이런 파비우스 막시무스 전술[5]은 이제 조용히 그 끝을 향해 가고 있다.

사실 대영박물관은 결코 엘긴 경에게서 이 조각들을 매입했다거나 엘긴 경이 무엇보다도 보존을 위해 이것들을 훔쳤다니 하며 시치미를 떼고 논쟁하면 안 되었다. 하지만 역으로 일종의 무성의한 사례가 농축된 것으로, 탐욕에 눈이 먼 두 일당이 우연히 보존해온 결과로 이어졌을 뿐이다. 따라서 대영박물관은 이렇듯 우연히 베풀어진 호의를 구실 삼아 이 대리석상을 계속 보유하겠다고 주장할 수는 없다. 어쨌든 대리석상을 떼어낼 때의 위험성이 원래 자리를 지킬 때의 위험성보다 적지는 않을 것이다. 떼어낸 대리석상을 싣고 영국으로 향하던 엘긴의 선박이 바다에서 침몰하는 바람에 사라진 조각들을 떠올리면 이 문제는 더 이상 논할 가치가 없다. 게다가 이 조각들을 보관해온 대영박물관의 듀빈 갤러리는 대중에 공개한 지 얼마 안 되어 나치의 폭격을 받았고 여기서 이 이야기가 끝날 뻔했다. 재앙이나 다름없는 이 두 사건을 겪고도 대영박물관은 은밀히

---

5   로마의 장군 파비우스 막시무스Fabius Maximus의 이름을 딴 전술이다. 파비우스는 제2차 포에니 전쟁 때 한니발의 카르타고군을 맞아 보급로를 차단하고 기습 작전을 펴는 등 지연전술을 벌였다. 그에게는 '꾸물거리는 사람'이라는 뜻의 '쿵크타토르Cunctator'라는 별칭이 붙었다.

아테네에 남아 있는 프리즈 판석 10번

취득한 장물을 뻔뻔하게 최선을 다해 돌보고 있다고 주장하는 격이다.

우선 이 사진, 이것을 보면 … 엘긴 경이 떼어내지 않은 판석 14개 중 판석 10번Slab X을 면밀히 들여다보면 원작의 후미진 곳에 앉은 세월의 더께를 걷어내면 고대에 채색한 흔적을 찾을 수 있다. 또 말 조각에서는 배 부위에 튀어나온 정맥 같은 디테일들이 고스란히 살아 있다. 하지만 대영박물관이 1937년부터 1938년까지 미숙하고 거칠게 문질러 닦은 판석 2번을 보면 이런 자취들이 모두 사라지고 없다. 1993년 아테네에서는 파르테논 건축물에서 떼어낸 조각들과 서편 프리즈에 이중 레이저 처리를 해 묵은 때를 제거한 뒤 온화한 '허니브라운 빛'을 살려냈다. 이는 문질러 닦아 살균한 대영박물관의 청소법보다 진정한 주인의 청소법이 무엇인지 훨씬 더 잘 보여주었다. 따라서 탁월한 큐레이터들이 작업해왔다는 대영박물관의 주장은 장물을 존중하고 있다고 말해온 것만큼이나 거짓되고 또 공허할 뿐이다.

이런 원칙이 옳긴 하지만, 그리스가 아테네에 남은 모든 조각을 전시할 시설을 마련하겠다고 약속하고 나서 1980년대와 1990년대에 잘못을 반복하면서 절망적인 상황이 이어졌다. 약속이 미뤄진 데는 정당한 사유가 있었다. 이를테면, 아테네에서는 큰 건물을 짓거나 발굴 작업을 할 때 기

존 유적지와 시설물을 훼손하지 말고 보존해야 할 의무가 있다. 길었던 아테네 지하철 공사가 마침내 끝나서 그리스의 계획이 결실을 맺게 되었다. 아크로폴리스에서 바라봤을 때 디오니소스 신전의 맞은편 언덕에, 완벽한 내진 설계는 물론이고, 주변 시가지의 기하학적 형태와 조화를 이루면서도 인접한 파르테논 신전의 모습이 멋지게 눈에 들어오는 가까운 위치에 박물관을 건설하게 된 것이다.

탁월한 프랑스계 스위스 건축가 베르나르 추미가 열성적으로 노력한 끝에 그리스의 빛이 그득한 이 인상적인 공간의 맨 꼭대기 층에 파르테논 갤러리가 자리 잡았고, 두 세기 만에 처음으로 페이디아스가 프리즈를 어떤 모습으로 구상했는지 확인할 수 있게 되었다. 다시 말해, 프리즈 조각이 온전한 자태를 찾았다. 갤러리의 바깥벽은 메토프[6]로 빙 둘러싸여 있다. 건축가 추미는 "서사 구조의 연결성을 회복하는 것이 이 건축의 콘셉트"라고 말했다. 잃어버렸거나 훼손된 조각들은 석고로 복제해 공중에 매달렸는데, 마치 정령이 나타난 듯한 느낌을 자아낸다. 진품과 복제품 간의 부조화를 목격한 사람들은 누구라도 자연스레 본래 모습대로 하나로 통합된 파르테논 대리석 조각이 보고 싶어진다. 나는 추미와 대화하면서 진기한 사실을 알았는데, 프리즈와 메토프를 전시하려고 꼭대기 층에 조성된 갤러리의 기둥이 실제 파르테논의 기둥과 크기와 모양까지 똑같다는 것이다. "기하학적 구조와 대칭 구조까지도 재현하려 했습니다."

이제는 이 조각들을 합치면 어떤 모습일까를 상상하는 것보다 실제로 그렇게 할 수 있는가의 문제가 남았다. 멜리나 메르쿠리 재단 덕분에 그리스 문화부 장관은 이 조각들이 합쳐진 모습을 담은 '가상현실'을 전시했다. 예컨대, (현재 대영박물관이 소장한) 이리스 여신의 몸통과 (여전히 아테네에 남아 있는) 머리를 합치면 어떤 모습일지 가상으로 확인할 수 있다. 또 포세이돈 토르소의 경우, 대영박물관에 있는 몸통 전면과 아테네에 있는 몸통 후면이 합쳐진 모습도 확인할 수 있다. 북쪽 프리즈의 두 조각 난 말 탄 기수를 합친 모습도 확인할 수 있다. 아크로폴리스 박물관의 디미트리오스 판데르말리스 관장은 나에게 이와 비슷한 사례를 여러 개

---

6   metope. 도리스양식 건축에서 건물의 기둥 위를 가로지르는 프리즈에 독립된 직사각형 부조로 새긴 판을 잇달아 붙인 것. 49쪽 참고.

의 슬라이드로 보여주었다. 이런 현학적인 시연은 정말 필요한 걸까? 물론 필요하다. 그 이유는 대영박물관 운영진에게 들어야 할 것이다.

그렇다면 지난 20년간 대영박물관은 어떤 식으로 자신들의 논점을 개발해왔을까? 대영박물관 관장을 지낸 데이비드 윌슨이 1986년에 BBC 방송과 가진 인터뷰에서 살짝 엿볼 수 있다.

대영박물관 벽에서 엘긴 마블스를 확 뜯어가는 것은 파르테논을 날려버리겠다는 위협보다 훨씬 더 무시무시한 재앙입니다. … 제 생각에 이것은 문화적 파시즘입니다. 국수주의이며 문화적 위험입니다. … 정말 신중하게 생각해야 합니다. 책을 불사르는 것과 같아요. 히틀러가 그런 짓을 했으니, …

문화적 파시즘이라는 단어가 등장한 사실이 믿기지 않은 사회자가 진심으로 말한 것이냐고 다시 질문했다. 이에 대한 데이비드 윌슨 경의 단호한 답변은 모순된 주장을 드러냈다.

그리스인이라면 엘긴 마블스의 반환을 바라지 않을 거라고 생각합니다. 하지만 엘긴 마블스가 그리스로 돌아가길 바라는 우리 영국인과 전 세계 사람들은 사실상 그 비슷한 죄를 범하고 있다고 생각합니다.

따라서 윌슨의 말대로라면, 그리스인이 파르테논 조각상 반환을 바라면 '민족주의자'가 아닌 반면, 비非그리스들이 반환을 바라면 '문화적 파시즘'에 물든 것이다. 윌슨이 이토록 얼룩덜룩하고 비논리적으로 말한 까닭은 당시의 그리스 문화부 장관 멜리나 메르쿠리가 주창한 반환 운동에 대응하기 위해서였다. 그리고 어쩌면 메르쿠리의 호소에 '민족주의'(곧 애국심)가 조금 배어 있었음을 인정해야 할 것이다. 그것을 부끄러워하지는 않지만, 내가 말해왔듯이 반환 지지자들의 핵심은 예전이나 지금이나 조각의 통합, 통일과 관련 있는 미학적 측면이다. 그래서 뉴 아크로폴리스 박물관 설립이 결정된 이후에 변동된 상황을 감지한, 대영박물관의 유럽관 수석 큐레이터 조녀선 윌리엄스는 최근 《워싱턴포스트》와의 인터뷰에서 아테네의 새로운 박물관이 '범상치 않은 걸작'임을 인정한 뒤에 이렇듯 말을 이었다.

　　우리 박물관 운영진은 이 기념물이 아테네와 런던에 현재 분산되어 있으므로 지금이 다른 이야기를 할 수 있는 중요한 기회라는 입장을 유지하고 있습니다.

데이비드 윌슨 경이 호통 치던 것에 비하면 흐물흐물 요리조리 피하듯이 포스트모던하게 횡설수설했다는 점에서 다소 진일보했음을 인정하자. 사실 조녀선 윌리엄스의 종잡을 수 없고 회피하는 듯한 표현에는 의도하지 않았지만 진실이 담겨져 있다. 아테네와 런던에 '현재 분산되어 있는' 상태는 분명 우리로 하여금 그 '기념물'과 숨이 멎을 듯 아름다운

20

장식물에 대해 앞뒤가 맞지 않는 '이야기들'을 계속 만들어내게 하니까. 그 이야기들 중에 경이로운 건축물에 대한 신성모독 이야기, 성급하게 약탈한 기회주의자의 취득에 대한 이야기, 그리고 이에 대한 음침한 변명을 늘어놓는 이야기가 있다. 이것들을 대체할 새로운 이야기는 이런 사실들을 직시하고 과거의 부정의를 바로잡으며 고대의 아름다움과 균형을 회복하는 내용으로 가득하게 될 것이다. 그리고 반환과 환수, 보수, 재결합 과정이 완수되기 전까지는 대다수 영국 국민들 또한 이 사건이 종결되었다고 여기지 않을 것임을 엄숙하게 선언하는 이야기도 한 페이지를 차지할 것이다.

2판 서문

크리스토퍼 히친스

그리스의 위대한 고전기 조각들은 현재처럼 대영박물관에서 계속 보존해야 한다는 주장을 지지하는 이들에게는 관성이라는 막강한 아군이 있다. 강력하게 주장할 필요도 없다. 아니, 주장할 필요조차 없다. 그러니 누군가 파르테논 조각들이 산산이 흩어져 있는 지금 상황이 매우 특이하니 반환하자고 말하면 이것은 곧 대영박물관뿐만 아니라 영국의 모든 박물관이 텅 비게 될 것이라는 야유만 받는다. 그 어떤 인물이나 법정도 '선례'를 남기고 싶어 하지 않기 때문이다.

그런데도 요지부동인 현 상태를 타개하려는 노력은 실망만 안겨주고 있다. 1997년 5월 19일 상원에서 푸트니의 젠킨스 의원과 여러 의원들이 엘긴 마블스 반환을 둘러싸고 논쟁을 벌였다. 젠킨스 의원이 용기 있게 발언한 뒤 쏟아진 반론은 의회 의사록에 다음과 같이 기록되었다.

보이드-카펜터 의원: 친애하는 의원, 의원께서는 이 아름다운 창조물들이 이 나라로 옮겨졌기에 살아남을 수 있었으니 우리가 계속 보전하는 것이 옳다고 생각하지 않으십니까?

스트라볼기 의원: 친애하는 의원, 의원께서는 이것을 반환했을 때 우리에게 불리한 선례가 남을 것이라는 점은 고려하지 않으십니까? 예술 작품을 하나둘 본국으로 돌려보내기 시작하면 영국의 박물관과 갤러리에는 아무것도 남지 않을 것입니다.

위포드의 와이엇 의원: 친애하는 의원, 의원께서는 만일 엘긴 마블스를 아테네로 돌려줬다면 터키의 공격과 파르테논을 불태운 그리스 대화재라는 위험을 겪었을지도 모른다는 사실을 모르십니까? 호전적인 그리스인들이 파르테논 주위에 마구잡이로 포탄을 떨어뜨렸을지 모를 일입니다.

이 모든 '주장들'은 마치 처음이라는 듯이 쏟아졌다. 루커스 의원은 '우리 마블스'라는 농담을 선보였는데, 이것도 의사록에 기록되었다. 지난 200년간 있었던 일을 간략히 소개한 수준에 불과한 이 짧은 책이 출간된 지 벌써 10년이 다 되었다. 고귀한 의회 도서관에 한 권쯤 비치되어 있으리라 생각한다. 보이드-카펜터 의원께서 진정 고대 유물의 생존에 관심이 있고 그 역사를 제대로 배우고 싶으시다면 이 책 24~36페이지를 참고해서 헛갈리는 내용을 바로잡으실 수 있을 것이다. 마찬가지로 불합리한 추론을 펼친 스트라볼기 의원께는 83~87페이지를 추천 드리고 싶다. 그리고 걱정을 사서 하시는 와이엇 의원은 52~53페이지를 읽어보면 불안감을 물리치실 수 있을 거다. 아테네보다 런던에 포탄이 훨씬 더 많이 떨어졌다는 사실을 알고도 그 마음이 바뀌지 않을까 염려스럽기는 하다. 그리고 진실로 위급한 상황에 놓인 이웃의 물건을 구해놓고 그 물건이 자기 것이라는 주장이 정당화될 수 있다는 의견을 받아들이는 의원들이 상원과 하원에 얼마나 많을까?

실망하기에는 이르다. 같은 기간 영국 정부는 물론이고 많은 전문가의 입에서 '파르테논 조각'이라는 용어가 자주 들렸다. 오로지 대영박물관만이 과거의 협약에 묶여서 '엘긴 마블스'라는 잘못된 용어를 고집하고 있다. 비통하게도 노동당 정부는 1997년 성급한 질의에 대해 이 조각상들을 대영박물관의 '일체integral part'라는 모호한 개념으로 답변했다. 그러나 '일체'라는 용어 자체가 모순이다. 파르테논과 런던에 흩어져 있는 파르테논 프리즈가 진짜로 통합되기 전까지는 어불성설이다. 이 문제를 둘러싼 논쟁은 더디지만 이렇듯 앞으로 계속 나아가고 있다.

기득권층에 비해 일반인들은 상당히 포용적이고 관대한 견해를 가졌다. 윌리엄 G. 스튜어트가 제작한 채널 4의 시리즈물 〈벽을 넘어서Without Wall〉 1996년 4월 16일 방송에서 시청자 전화 투표를 실시했다. 이런 방송 결과를 '과학적'이라고 보긴 힘들지만, 시청자 총 9만 9,340명 가운데 9만 1,822명(곧 92.5퍼센트)이 반환하는 것이 옳다고 대답했다. 거의 같은 시각 의회에서는 의원 109명이 기존의 유지안에 찬성표를 던졌다. 그중에는 이후 블레어 정부에 입각한 의원 10명도 포함되었다.

이 방송의 시청자들이 내놓은 의견들에는 그리스 측이 내세운 다음 세가지 조건이 포함되었다. 즉, 뉴 아크로폴리스 박물관이 완공되어 조각들을 수용할 수 있는 요건을 갖출 것, 반환 비용과 대영박물관에 완벽한 복제품을 설치하는 비용을 그리스가 부담할 것, 향후 문화재에 관해 일체의 추가 반환을 요청하지 않을 것. 사실상 이 세 조건은 그리스 정부가 이미 제기한 것이며 반환에 꼭 필요한 절차이고 지키기 어려운 조건도 아니었다.

보유 찬성론자들은 이처럼 단순한 문제가 왜 자꾸만 등장하는지 의아할 수 있을 것이다. 몇 세대 동안 많은 수의 영국 국민들은 과거의 잘못에서 비롯된 불명예를 바로잡고 미학적 오명에서 벗어나야 한다고 강력하게 주장했다. 내가 판단하기로 역사적 기록은 반환 찬성론자들의 손을 들어주었지만, 미학적 논쟁은 반박할 수 없고 '바람직하지 않은 선례'로 작용할 것이라는 주장이 여전히 걸림돌로 남아 있다. 또 한편에서는 파르테논 조각을 그리스로 돌려주었다면 모두 사라져버리고 말았을 것이라는 가정의 목소리도 있다. 그런데 인지하지 못하는 사이 영국 정부와 국민들에게는 고귀하고 아름답게 처신할 수 있는 기회가 누차 있었다(게다가 제안을 받아들여도 비용이 전혀 들지 않는다). 신성한 스쿤Scone의 돌의 경우도 그것이 어디에 있든 사람들은 경배하겠지만 스코틀랜드가 최적의 장소임은 두말할 나위가 없다. 이 돌 하나에 온 국가적인 관심이 쏠린다 해도 부끄러울 것 하나 없다. 로제타석Rosetta Stone의 경우 사멸된 고대 이집트 문자를 해독하는 데 도움이 된다는 점에서 온 인류의 유산이라 할 수 있다. 이제는 대영박물관에서 안식을 찾았지만, 루브르 박물관 혹은 카이로 국립박물관에 소장되었어도 괜찮았을 것이다. 파르테논 조각은 갈기갈기 찢긴 화폭처럼 흩어지면 원래의 깊이와 원근과 비율이 사라지고 만다. 바로 이것이 논쟁이 아무리 오래 지속된다 해도 포기하지 않고 파르테논의 회복을 주장하는 사람들이 존재하는 진짜 이유인 것이다.

이제는 파르테논의 실제 모습을 상상하기 어렵지 않게 되었다. 뉴 아크로폴리스 박물관에서 개관식을 갖는 날, 카리아티드[1]와 다른 조각들이 모두 한자리에 모여 재결합되는 날, 그리스 국회의원들이 기념 연설 말미에 영국의 총리 혹은 국회의원을 소개하며 그들의 노고에 진심으로 감사해하는 날, 뜨거운 감사로 충만해 그리스의 모든 도시와 마을은 물론 세계 모든 그리스인이 운영하는 선술집에서 영국 손님에게 돈을 받지 않는 날, 유실된 조각 하나 없이 모두가 맘껏 파르테논 대리석 조각을 관람할 수 있게 되는 날, 런던《타임스》기사에서 왜 진작 이 생각을 하지 못했을까 의아해하는 날, 대리석 조각을 영국에 남겨둠으로써 얻는 즐거움이 보다 광대하고 의미 있는 광경 앞에서 아무것도 아닌 것이 되는 날, 이런 날은 언제쯤 올까?

반환 찬성론자들에게는 좋은 소식이 많이 날아들었다. 유럽의회가 열

---

1   caryatid. 그리스 고전 건축에서 기둥 대신 사용한 옷을 걸친 여성상. '여상주'라고도 한다.

리기 전 의원 250명이 서명한 발의안에는 조각의 반환이 '유럽연합'이라는 분위기를 조성하는 데 기여할 것이라는 내용이 담겨 있다. 물론 이를 믿는 이도, 믿지 않는 이도 있다.

만약 그런 순간이 온다 해도 나는 마냥 행복하지만은 않을 것이다. 영국 파르테논 조각상 환수 위원회를 창립하고 이끌어주던 로버트 브라우닝 교수는 1997년 1월에 돌연 타계했다. 그는 가슴과 머리가 어떻게 균형을 이룰 수 있는지 몸소 보여주었다. 자연적 정의에 호소하면서도 꼼꼼하게 증거를 변별할 줄 아는 학자였다. 그의 죽음을 전 세계 고전학계가 애도했지만, 지난 14년을 영국위원회에서 함께 힘을 쏟아부은 우리의 슬픔은 더더욱 클 수밖에 없다. 이 책에 소개된 모든 증거와 역사적 기록 하나하나에 그의 숨결이 세심하게 서려 있다.

누가 진정 영국을 대표하는가? 위퍼드의 와이엇들인가, 아니면 브라우닝들인가? 이 대답을 하려면 눈에 보이는 것보다 훨씬 많은 것을 고려해야 할 것이다.

초판 서문

크리스토퍼 히친스

1982년이 저물 무렵 나는 《스펙테이터》의 편집인 알렉산더 챈슬러에게 파르테논 조각상에 관한 글을 기고해도 될지 물었다. 그가 받아주어 내 글은 '대리석 조각을 그들에게 돌려주라Give Them Back Their Marbles'라는 제목으로 1982년 1월 1일 호에 실렸다. 이 글은 내 예상보다 뜨거운 반응을 얻었는데, 《스펙테이터》의 기고자들에게 질책을 약간 받기도 했다. 내 글이 영국에서 다시 논쟁을 불붙이는 데 도움이 되었다는 이야기도 들었다. 논쟁은 그리스 정부가 공식 반환 요청을 하면서 더욱 활발해졌다. 기사와 논설이 봇물 터지듯 쏟아져 나왔는데 영국의 헤드라인 작가들이 사랑해 마지않는 문구 '우리 대리석 조각을 잃었다losing our marbles'를 응용한 단순한 말장난이 빠지지 않았다.

우선 제일 먼저 고마움을 표할 사람은 알렉산더 챈슬러이다. 내 관심이 발전하도록 이끌어주고, 내가 열정이 넘쳐 저지른 잘못을 바로잡아준 로버트 브라우닝 교수와 엘레니 큐빗, 피터 톰슨에게 정말 큰 빚을 졌다. 영국 파르테논 조각 환수 위원회는 지금까지 내가 만난 단체 중 가장 유식하고 지략이 뛰어나며 끈기가 있다. 위원회는 또 박애주의와 국제주의라는 영국의 위대한 전통을 실천하고 있다.

아테네에서 나를 도와주고 나에게 조언을 아끼지 않은 이들은 셀 수 없이 많다. 그중 브루스 클라크, 쥘 다신, 콘스탄틴 칼리가스, 에드먼드 킬리, 조지 리바노스, 알렉산드로스 만티스, 멜리나 메르쿠리, 니콜레타 발라초우를 언급하지 않을 수 없다. 그리스 동부 키오스 섬에 위치한 이오니아 센터가 주최한 주말 토의에서 역사학자 발터 부르케르트 교수와 나눈 긴 대화는 그동안 불확실하게 알고 있던 그리스의 많은 전통을 명료하게 이해하는 계기가 되었다.

미국에서는 칼럼니스트인 카를 E. 마이어에게 도움과 조언, 훈계를 많이 받았는데, 그는 박물관과 컬렉션의 진실성에 대한 관심만큼이나 고대 유적에 대한 정당한 처우에 대해서도 관심을 갖고 있다. 그리스계 미국인 연맹의 조지 리바노스와 케네스 이건은 가장 도움이 가장 절실했던 때에 내가 관심을 잃지 않도록 많이 도와주었다. 조지 보르나스는 그리스계 미국인 공동체의 살아 있는 역사였다. 워싱턴 주재 그리스 대사관의 니코스 파파콘스탄티노, 아킬레아스 파파르세노스는 자신들의 직무를 넘어서는 일까지 많이 도와주고 내 질문에 친절하게 답해주었다. 의회 도서관의 브루스 마틴은 연구자와 학자뿐만 아니라 아마추어 학자들에게도 사심 없는 좋은 친구가 되었다. 런던의 알레그라 휴스턴은 나라는 사람은 봐주되

너저분한 나의 글은 절대 봐주지 않는, 흔하지 않으나 바람직한 균형감을 보여주었다.

마지막으로 할 말은 이것이다. '그리스 애호가Philhellen'라는 말이 영국 영어에서는 종종 얕잡아보는 뜻으로 쓰인다. 마치 살짝 의심스러운 낭만적인 중독의 뜻을 담고 있는 듯하다. 이 짧은 책을 준비하면서 나는 파르테논 조각들이 뜯겨진 이후로 여러 세대에 걸쳐 냉철하고 침착하게 이 문제를 주시하며 잘못되었다는 결론을 내린 많은 영국인들에게 감명을 받았다. 그들 대부분은 두 세기 동안 공정하게 잘못을 바로잡으려고 노력했지만, 무엇보다 잘못되었다는 사실조차 받아들이려 하지 않는 사람들 때문에 감정적으로 흔들렸다. 감정을 언제나 신뢰해선 안 된다고 생각하지는 않는다. 그래서 앞으로 이어질 페이지는 타인의 감정 또한 중요하다고 고집하는 사람들에게 읽히길 바란다. 정의는 이성의 목소리처럼 조용하지만 끈질긴 노력에 의해 설득된다.

저자와 출판사는 다음의 저작권 소유권자들에게 감사의 뜻을 전한다.

Professor A. M. Snodgrass, Peter Levi and Professor A. A. Long

from *The Greek World, Classical, Byzantine and Modern*, edited by Robert

Browning, Thames & Hudson, London, 1985. Copyright © 1985

Thames & Hudson Ltd, London.

'Homage to the British museum' by William Empson, from *Collected*

Poems, copyright © The Estate of Sir William Empson 1955, 1984.

차례

로버트 브라우닝(1914~1997)을 기억하며

영국 파르테논 조각 환수 위원회의 창립자이자
왕립 건축가 협회 회원인 제임스 큐빗(1914~1983)에게
이 책을 바친다.

1
역사 속의 파르테논

로버트 브라우닝

파르테논은 오랫동안 그리스의 아크로폴리스에 있었고,
이 글을 쓴 나와 이 글을 읽고 있는 여러분들이
먼지가 되어 사라지고 그 이름이 잊힌 후에도
여전히 그 자리에 서 있을 것이다.
파르테논 건물과 조각들은 처음부터 하나로 생각해
만들어진 것이다. 흩어진 것들을 한데 모아
하나로 감상할 수 있다면 우리는 파르테논을
더 잘 이해하고 올바르게 평가할 수 있을 것이다.

PARTHENON

　

2,500년 동안 파르테논 신전은 아테네 시내가 한눈에 내려다보이는 아크로폴리스에 우뚝 서 있었다. 이집트의 쿠푸 왕[1]이 세운 거대 피라미드처럼 더 오랜 세월을 견뎌낸 건축물들이 있지만 파르테논만큼 건축적으로 복합적이면서 예술적으로도 탁월한 가치를 지닌 건축물은 없다. 또 파르테논만큼 풍부한 이야기와 상징적 가치를 지닌 건축물도 없다. 제2차 세계대전이 끝나고 유엔 산하에 설립된 유네스코UNESCO가 파르테논의 형태를 본떠 상징 마크를 만든 것은 결코 우연이 아니다. 그리고 1987년 미국 테네시의 주도인 내슈빌에서는 분열을 극복하고 미연방을 창시한 사람들을 기리고 그들을 고취시킨 원칙과 주민들의 열망을 담아 테네시주 100주년 기념 공원 안에 파르테논을 똑같이 만들기로 했다. 생명권과

1　Khufu. 이집트 고왕국 제4왕조 2대 파라오(서기전 2589?~서기전 2566 통치).

| 내슈빌의 파르테논

자유권, 행복추구권은 물론 국민의, 국민에 의한, 국민을 위한 정부의 표상으로 파르테논만 한 게 없다고 믿었기 때문이다. 내슈빌 주민 대부분이 파르테논을 가본 적도 없지만 파르테논이 어떤 곳이고 또 무엇을 의미하는지 알고 있었다.

이보다 한 세기 전, 비록 실패했지만 비슷한 프로젝트가 진행되었다. 에든버러의 칼튼 힐에서는 워털루 전투가 끝나고 몇 년 뒤 이를 기리는 국립 기념관을 세우자는 제안이 공식적으로 제기되었다. 《쿼털리 리뷰》와 《에든버러 리뷰》 지면을 통해 고딕 양식[2]과 고전주의 양식[3] 간에 신랄한 필전이 오간 끝에, 마침내 파르테논 신전을 그 조각은 물론이고 규모와 형태까지 똑같이 본떠 스코틀랜드의 파르테논이자 '예배 장소'로 세우기로 결론을 냈다. 1822년 7월에 의회에서 관련 수권법[4]이 통과되었고, 8월 27일 조지 4세가 지켜보는 가운데 해밀턴 공작이 기념관의 주춧돌을 내려놓았다. 아쉽게도 금세 열정이 식고 예산이 바닥나버렸다. 거대한 서쪽 회

---

2 파리의 노트르담 성당이나 샤르트르 대성당처럼 높은 천장과 수직 첨탑에 아치 양식을 가미하고 크고 긴 창문을 아름다운 스테인드글라스로 꾸며 내부를 밝게 하는 것이 특징이다.

3 고대 그리스·로마의 건축 양식을 본뜬 것으로 균형·안정·위엄을 중시하는 것이 특색이다.

4 행정부에 법률을 정립할 수 있는 권한을 위임하는 법률.

랑(페리스타일[5])의 기둥 12개와 이
를 잇는 코니스[6]만 완성된 채였
다. 처량하고 쓸쓸한 모습의 이 건
축물은 스코틀랜드인들의 인색함
뿐만이 아니라 스코틀랜드인들의
친그리스 성향과 조심성을 말없이

스코틀랜드의 파르테논

증언하며 자리를 지키고 있다.

이 글에서는 파르테논이 만들어진 이후 겪어온 성쇠는 물론이고 수많
은 세대를 거치는 동안 인류의 예술, 사상, 감성에 끼친 영향을 간략히 요
약할 것이다. 이 책의 주제에 역사적 설명을 더하리라 생각한다.

서기전 448년 아테네 의회는 남아도는 세금을 가지고 아크로폴리스
꼭대기에 높이 솟아 있던, 전쟁의 신 아테나를 기리는 신전을 재건하기로
결의했다. 어쩌면 오랜 세월 치른 페르시아와의 전투에서 스러진 이들을
기리려는 의도도 컸을 것이다. 아테나 신전은 서기전 490년 마라톤 전투
무렵 세워졌지만 페르시아가 잠시 점령한 서기전 480년경 완전히 파괴
되었다.

그러나 완전히 파괴된 아크로폴리스 기념물의 재건을 결정한 이유는
단지 과거를 곱씹자는 것이 아니었다. 현재 그리고 미래를 위한 포석이기

---

5   peristyle. 기둥이 사면에 줄지어 선 형태를 말하며, 열주식이라고도 한다.
6   cornice. 고전 건축에서 기둥머리가 받치는 세 부분 중 맨 위, 즉 프리즈 위.

도 했다. 당시 아테네의 정치권력은 한층 물이 올라 있었다. 마침 페르시아로부터 그리스 도시국가들에 간섭하지 않겠다는 협약을 얻어냈고, 그리스는 페르시아 전쟁 이후 맺은 델로스 동맹의 수장을 맡고 있었다. 아테네에 이렇듯 정치적, 군사적 권력만 집중된 것은 아니었다. 아테네는 놀라우리만치 지적으로도 예술적으로도 숙성해 있었으며, 이것은 이후 유럽과 세계의 역사를 바꾸어놓게 된다. 서기전 5세기의 그리스와 아테네에서 인류는 처음으로 지식의 본질과 인간의 행동을 유발하는 원칙, 과거의 중요성, 우주의 구성 인자와 작동 원리에 대해 엄격하면서도 창의적으로 성찰하기 시작했다. 논리, 철학, 윤리, 역사, 물리라는 용어의 어원이 바로 그리스이다. 아테네는 힘과 정의, 개인의 자유와 사회적 결속, 뛰어남을 지향하면서도 평등한 기회를 조화시키는 중대한 문제를 인류 최초로 고민한 사회였다. 정치와 민주주의라는 단어의 어원 역시 그리스이다. 한편 파르테논 신전을 건설하기 시작한 것은 극작가 아이스킬로스[7]가 죽고 얼마 뒤, 소포클레스[8]와 에우리피데스[9]가 최전성기를 누릴 때였다. 신전의 기초를 놓을 때 소포클레스가 비극《안티고네》를, 신전이 완공된 이듬해에 에우리피데스가 《메데이아》를 완성했다. 젊은 소크라테

---

7   Aeschylos(서기전 525?~서기전 455?). 그리스 3대 비극 작가 중 한 사람으로《오레스테이아》
3부작,《사슬에 묶인 프로메테우스》등을 썼다.

8   Sophocles(서기전 495?~서기전 406). 그리스 3대 비극 작가 중 한 사람으로《안티고네》,《아이아스》,《오이디푸스 왕》등을 썼다.

9   Euripides(서기전 484?~서기전 406?). 그리스 3대 비극 작가 중 한 사람으로《메데이아》,《트로이아 여인들》,《엘렉트라》등을 썼다.

| 폴리그노토스가 그린 마라톤 전투 그림의 복원도

스[10]가 석공이자 조각가로 파르테논 건설 현장에 참여했을 가능성이 아주 높다. 파르테논 건설이 시작되기 직전에는 철학자이자 과학자인 테오프라스토스[11]가 '회화의 발명자'라 칭한 폴리그노토스[12]가 아테네 광장이 내려다보이는 스토아 포이킬레[13] 벽면에 트로이 함락 장면을 프레스코 기법으로 그렸다. 이 새로운 신전은 페리클레스[14] 세대에게는 세상을 대하는 자신감과 확신을 가시적으로 형상화한 징표와 전형이 되고 다른 이들에게는 현재와 미래의 영감을 줄 것이었다. 역사가 투키디데스[15]가 기록한 페리클레스의 추도 연설문에서 주장한 대로, 파르테논은 유일하고 찬란한 사회에 대한 기념물로 영원히 남게 될 터였다.

10　Socrates(서기전 470~서기전 399).

11　Theophrastos(서기전 372?~서기전 287?).

12　Polygnotos(서기전 450~서기전 420?).

13　Stoa Poikile. 스토아는 고대 그리스의 아고라 안 기둥이 늘어선 복도로 '벽화가 그려진 스토아'
　　란 뜻.

14　Perikles(서기전 495?~서기전 429).

15　Thucydides(서기전 460?~서기전 400?). 《펠로폰네소스 전쟁사》의 저자.

| 아테나 프로마코스 여신상.《하퍼스 위클리》,
1892년 8월 6일 자, 754면.

새 건축물은 서기전 447년부터 건설하기 시작해 서기전 432년에 완공되었다. 건설 과정에 대해서는 현재 자세히 알려진 바가 없다. 해를 이어 통치자로 재선출된 페리클레스 그리고 이제 막 아크로폴리스 입구의 장대한 아테나 프로마코스 여신상[16] 제작을 마치고 올림피아의 제우스 신전 작업을 앞둔 조각가 페이디아스가 주도했다. 페이디아스는 페리클레스가 세운 건축 설계안을 실행하는 예술 감독이었던 것으로 보인다. 수석 건축가는 과거에 아르카디아 바세의 아폴로 에피큐로스 신전을 설계한 익티노스였다. 고고학자 위철리에 따르면, "어떤 의미에서 파르테논은 위원회가 이뤄낸 결과물이다. 하지만 실상은 아테네 시민이 만들어낸 업적이다. 수백 명의 아테네

16　Athena Promachos. '선두에서 싸우는 아테나 여신'이란 뜻으로, 왼손에 방패, 오른손에 창을 쥔 아테나 여신의 모습.

시민이 파르테논을 짓는 데 힘을 보탰을 뿐 아니라, 궁극적 책임을 떠안은 민회는 신전 건축을 허가하고 사용된 세금 내역을 꼼꼼히 감사했기 때문이다".

당시 페리클레스의 정적들이나 그런 척했던 이들은 공공 예산과 페르시아에 맞서 아테네 동맹이 조성한 공적 기금이 파르테논 건설에 쓰이는 것에 분개했다. 이들은 민회에 참석해서 페리클레스가 "마치 바람 든 여자처럼 값비싼 돌과 천 달란트[17]짜리 신전들로 도시를 치장하고 있다"라고 말했다. 그러나 이들은 거의 지지를 받지 못했다. 또다시 아테네 시민들은 최고 통치자로 페리클레스를 뽑았다.

파르테논은 사면이 열주식이자 전후 주랑식[18]의 도리스양식 신전이다. 다시 말해, 양 측면에 도리스양식 기둥이 한 줄로 늘어서고 전면과 후면 현관에는 도리스양식 기둥이 두 줄로 늘어서 있다. 신전 전체는 아티카 펜텔리콘산(産) 하얀 대리석으로 만들었다. 기단[19]의 크기는 69.51 × 30.86미터이다(이 건물의 다른 부분도 모두 9:4의 비율로 축조되었다). 원래는 기둥이 양 측면에 17개씩, 전면과 후면에 8개씩, 그 바로 안쪽에 6개씩 총 58개가 세워져 있었다. 또 안쪽 콜로네이드[20]에는 지붕을 지지하는 열주가 있었는데 그 일부가 지금도 남아 있다. 신전의 내부는 두 개의 방

---

17 talent. 고대 그리스의 화폐와 무게 단위. 1달란트는 금 약 26킬로그램으로 알려져 있다.
18 amphiprostyle. 신전의 전면과 후면에 열주가 있는 형태를 말한다.
19 stylobate. 고대 그리스와 로마 건축에서 건축의 기둥을 받치기 위해 땅 위에 설치한 단.
20 colonnade. 줄기둥이 있는 회랑.

| 아크로폴리스 광장의 복원도

　　J. 트라블로스가 1978년에 5세기경의 파르테논을 복원한
그림이며 친절하게도 게재를 허락해주었다. 왼편 상단에
보이는 것이 에레크테이온 신전이며, 그 현관 벽면에 유명
한 여상주상(카리아티드)이 서 있다.

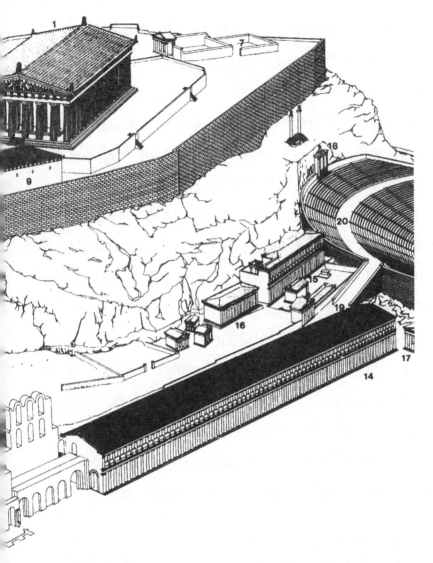

1. 파르테논 신전Parthenon
2. 에레크테이온 신전Erechtheum
3. 판드로세이온Pandroseion
4. 아테나 프로마코스 여신상Athena Promachos
5. 프로필라이아Propylaia
6. 제단Altar
7. 판디온 성소Sanctuary of Pandion
8. 아테나 니케 신전Temple of Athena Nike
9. 칼코테케Chakotheke
10. 아르테미스 브라우로니아 성소Sanctuary of Artemis Brauronia

11. 아레포로이의 집House of the Arrephoroi
12. 뷜레 문Beulé Gate
13. 헤로데스 아티쿠스 음악당Odeion of Herodes Atticus
14. 에우메네스 스토아Stoa of Eumenes
15. 아스클레피오스 신전Asklepieion
16. 이오니아식 스토아Ionic Stoa
17. 니키아스 기념비Nikias Monument
18. 트라실로스 기념비Thrasyllos Monument
19. 페리파토스Peripatos
20. 디오니소스 극장Theatre of Dionysos

으로 나뉘었는데, 동쪽의 켈라[21]에는 페이디아스가 황금과 상아로 장식한 12미터 높이의 아테나 여신상이 서 있었고, 서쪽의 오피스토도모스[22]에는 여신과 아테네의 보물들이 보관되었다. 이 두 방을 연결하는 통로는 없었다. 파르테논은 페디먼트[23]를 비롯해 전체를 조각으로 장식했다. 전면과 후면의 삼각형 페디먼트에는 각각 아테나 여신의 탄생 장면과 아테나가 아티카 영토를 둘러싸고 포세이돈과 벌인 전투 장면이 표현되었다. 92개의 메토프(양 측면에 32개씩, 전면과 배면에 14개씩)에는 아테네인들이 특별히 관심 있던 그리스 신화와 전설을 고부조[24]로 표현했다. 그리고 160미터 길이의 프리즈에는 파나테나이아 축제 때 신전으로 들어오는 행렬을 저부조[25]로 새겼다. 메토프와 프리즈는 완공 후에 덧붙인 장식이 아니라 원래 함께 축조된 신전 구조의 일부였다.

위철리는 "파르테논이야말로 그리스 건축의 결정체"라고 기술한다. 인간의 착시 현상을 이용한 미묘한 개량은 최근에 와서야 발견되어 알려졌다. 그리고 파르테논의 조각은 그리스 조각의 정점이며, 고전기의 어떤 건축이나 장식보다 양적으로나 질적으로나 우수하다. 건축과 조각은 보다 거대한 계획의 일환으로 구상되고 제작되었다. 알렉산드로스 대제[26]

---

21 cella. 신전의 중심이 되는 방으로, 신상이 안치되는 장소.

22 opisthodomos. 신전의 신실(神室, 나오스naos) 배후에 있는 방으로 후실後室이라고도 한다.

23 pediment. 그리스 신전의 삼각 지붕에 붙은 박공. 보통 조각을 하고 세 꼭지를 벽돌로 장식한다.

24 high relief. 깊게 파서 형상을 도드라지게 하는 부조.

25 row relief. 얕게 만든 부조.

26 Alexander the Great. 다리우스 3세(서기전 336~서기전 330 재위).

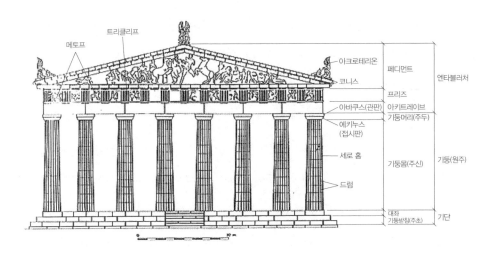

메토프 트리클리프
아크로테리온
코니스 페디먼트
엔타블러처
프리즈
아바쿠스(관판) 아키트레이브
에키누스 기둥머리(주두)
(접시판)
세로 홈 기둥몸(주신) 기둥(원주)
드럼
대좌
기단
기둥받침(주초)

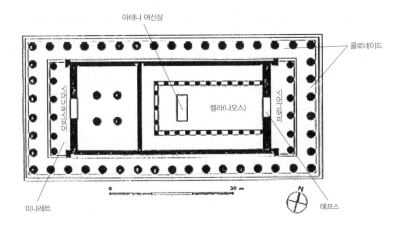

아테나 여신상
콜로네이드
옵피스토도머스 피르나이어스
켈라(나오스)
미나레트 애프스

| 파르테논 정면도(서쪽), 입면도

는 파르테논 신전이 단지 아테네의 기념물이 아니라 범그리스(헬레니즘) 국가들의 기념물로서 중요한 가치가 있음을 일찍이 알아보았다. 그는 그라니코스 강 전투에서 페르시아에 승리한 다음 페르시아군 방패 20개를 이 신전의 페디먼트 아래에 걸어 봉헌했다.

파르테논 건설자들의 실력은 탁월했다. 수 세기 동안 이어진 수차례의 지진, 군사 작전, 기후변화 등에도 파르테논은 거의 손상되지 않았다. 그러나 서기전 2세기에 있었던 대화재로 안쪽 콜로네이드, 천장과 아테나 여신상을 비롯한 실내가 상당히 훼손되었다. 파르테논은 서기전 165년에서 서기전 160년 사이 시리아의 왕 안티오코스 4세[27]에 의해 원래 상을 본뜬 새로운 조각과 함께 재건되었던 것으로 추정된다. 그의 눈에 파르테논은 단순히 아테네만의 기념물이 아니었을 것이다. 그로부터 3세기 뒤 철학자 플루타르코스[28]는 파르테논 조각품에서 고풍스러움과 동시대성immediacy의 아우라 그리고 젊음의 신선함이 공존함을 발견했다. 서기 200년경 그리스의 지리학자 파우사니아스는 파르테논을 아테네의 절경 중 하나로 꼽았다. 362~363년에 율리아누스 황제는 기독교 세계가 확산되어가는 현실에 맞서 이교 재부흥의 일환으로 파르테논에 대규모 보수 작업을 시행한다. 율리아누스 황제는 아테네에서 공부한 적이 있어서 아테네와 경이로운 기념물인 파르테논을 몹시 좋아했다.

27　Antiochos IV(서기전 175~서기전 163 재위).
28　Ploutarchos(46~120).

서기 5세기경, 아마도 테오도시우스 2세(재위 408~450)가 집권하던 시기 파르테논은 콘스탄티노플 정부의 명령으로 폐쇄되었다. 당시 아카데메이아의 수장이자 신플라톤주의학파의 마지막을 대표하는 철학자 프로클로스[29]는 더 이상 파르테논 신전에 들어가서 기도할 수 없는 현실을 몹시 애통해했다. 얼마 뒤 파르테논은 다른 이교도 신전들과 마찬가지로 기독교 교회로 전용되었고 명칭도 '하기아 소피아'('신성한 지혜'의 뜻) 성당으로 바뀌었다. 그에 따라 상당히 개조되었다. 동쪽 끝에 애프스[30]를 만들어 프로스틸[31] 기둥 두 개와 연결하고 켈라 쪽 입구를 봉쇄했다. 그래서 건물 안으로 들어가려면 오피스토도모스를 거쳐야만 했다. 서쪽 오피스토도모스가 교회의 나르텍스[32] 역할을 하게 된 것이다. 다른 세 개의 출입구는 오피스토도모스와 켈라 사이에 벽을 쌓아 봉쇄했다. 이런 식으로 이 건축물은 기독교 용도에 맞게 방위가 바뀌었다. 바닥 면을 높여 동쪽 끝에 성소[33]를 마련하고, 그 위에 반암제 기둥 네 개로 지탱되는 천개天蓋[34]를 씌우고 제단을 만들었다. 애프스 내부 벽을 따라 성직자를 위

---

29 Proclos(410?~485).

30 apse. 교회 입구 맞은편 벽면에 설치하는 반원형 혹은 다각형 돌출부로, 주로 성탁을 놓았다.

31 prostyle. 열주 입구.

32 narthex. 교회 내부의 좁고 긴 형태의 현관.

33 로마 가톨릭에서는 원래 예배당 안의 제단 바로 근처 곧 교회의 성상 안치소sanctuary(성소로서의 제단)를 가리키는 말이었다. 그 후 성직자석이나 찬양대석이 필요해지면서 성소로부터 일반 신도석 쪽으로 강단이 확대되었다.

34 바그다드산産 금란金襴을 의미하는 이탈리아어로 발다치노baldacchino에서 유래. 제단 위에 금속, 나무, 돌 등의 기둥으로 지지된다. 또한 종교적인 행렬의 제사 때에는 이동해서 받들 수 있게 되어 있다.

해 단을 올린 반원형 신트로논synthronon을 마련했고, 그 한가운데에 주교를 위한 대리석 의자를 놓았다(이 의자는 아마도 아크로폴리스 박물관 수장고에 있을 것이다). 여성을 위한 예배 공간이 따로 마련되었는지는 확실하지 않다. 보수를 제대로 하지 않았던 듯한 지붕은 건물의 중심축을 따라 높이를 올렸고, 이 새 지붕과 헌 지붕 구역 사이에 높은 채광창을 내어 실내로 빛을 끌어들였다. 때때로, 분명히 고의적으로 마모한 흔적이 분명한 조각 인물상들은 어쩌면 이 당시의 기독교 광신도들의 소행일 수도 있다. 하지만 조직적으로 마모했다는 증거는 없었다.

새로운 교회의 내부는 모자이크 그리고/또는 그림으로 장식되었던 것이 분명한데, 대리석 벽에 직접 장식했거나 회반죽을 바른 위에 프레스코 화법으로 그렸을 것이다. 벽면에 당시의 그림 흔적이 어슴푸레 남아 있다. 그러나 이러한 초기 기독교 장식에 대해 알려진 것은 하나도 없다. 어쨌든 8세기와 9세기 초반 성상 파괴 운동이 유행한 동안 벗겨졌거나 회반죽이 덧발라졌을 수도 있다.

파르테논은 이로부터 1,000년 동안 기독교 교회로 사용되었고, 이 긴 시간 동안 소소한 구조 변경이나 개조가 이루어졌다. 교회로 사용되기 시작한 초기에는 건물 내부 혹은 인접한 곳에서 매장이 이루어졌던 듯하다. 694년부터 1204년까지 아테네의 주교와 대주교의 사망 기록이 페리스타일(열주) 기둥 높은 곳에 새겨져 있었다. 1018년에는 동로마제국의 황제 바실리우스 2세가 불가리아와의 전쟁에서 승리한 데 감사를 표하러 아테네에 왔다. 그는 어쩌면 포로들을 잔혹하게 다룬 것에 대해 용서를 구했던 것이 아닐까.[35] 그때 하기아 소피아 성당에 봉헌하기 위해 진귀한 선물을 많이 가져왔다. 유명한 성모마리아 모자이크화가 11세기 초부터 애프스에 있었는데, 이는 바실리우스 2세의 후원으로 실행되었을 가능성이 크다. 이 모자이크화의 형상은 11세기부터 죽 아테네 대주교의 인장에 새겨졌다. 그러나 모자이크화 자체는 1204년 프랑크족 병사들이 심하게 훼손했던 것으로 보인다. 병사들은 도금한 유리 조각들을 진짜 금이라고 믿었던 게 분명하다. 12세기 말엽 대주교 미카엘 코니아테스는 몹시 자랑스럽게 여기던 이 교회를 (자기 식으로) '시복諡福[36]했다'. 20세기 초까지도 희미하게나마 볼 수 있었던 벽화 흔적은 이 주교의 '시복식'의 일부였을 것이다. 이 교회의 이콘[37] 가운데 하나는 성 누가[38]가 그렸다고 알려져 있다. 12세기 초 아이슬란드에서 온 순례자는 제단 앞에서 기름을 채우지 않아도 꺼지지 않고 타오르는 기적의 램프에 대해 기록해놓았다.

　1204년 제4차 십자군원정의 결과로 아테네는 처음으로 서방 통치자인 부르고뉴 출신의 드 라 로슈의 수중에 들어갔다. 파르테논은 이제 로마

35　1014년 7월 29일 바실리우스는 클레이디온 전투에서 불가리아군을 격파했고, 수많은 불가리아인을 포로로 잡았다. 전해지기로는 바실리우스가 포로 1만 5,000명의 눈을 모두 뽑아버리되, 100명당 1명씩은 외눈만 남기게 해서 눈먼 동료들을 인도하여 본토로 돌아가게 했다. 그리하여 '불가리아족의 학살자'라는 별명이 붙었다.

36　가톨릭에서 죽은 뒤 복자품福者品에 오르는 일. 또는 죽은 뒤에 복자품에 올리는 일.

37　성화. 주로 동방교회에서 발달한 예배용 화상. 명칭은 '상像'을 의미하는 그리스어 이콘에서 유래한다.

38　Saint Luke. 신약성서 가운데 《루가의 복음서》와 《사도행전》의 저자.

| 키리아쿠스의 파르테논 스케치

가톨릭으로 넘어가 프랑스 주교의 통솔을 받게 되었으며 명칭이 아테네 성모 마리아 성당으로 바뀌었다. 건물 외관에는 거의 변화가 없었다. 나바라인[39] 용병들에게 급료를 주기 위해서 뜯어냈던 문의 은장식판이 14세기 중엽에 돌아왔다는 소식이 들렸다. 서쪽 전면 위쪽으로 작은 탑이 추가되었다. 일부 학자들은 이 탑이 사실 1204년 전에 세워졌다고 믿는다. 그러나 로마인들이 아래의 정사각형 부분section을 만들지 않았다고 해도 위의 원통형 부분을 덧붙인 것은 분명하다. 새로운 통치자들은 고대로부터 전해져온 이 건축물의 아름다움에 완전히 무감각하지 않았다. 명목상 아테네 공작으로 승인받은 아라곤의 페드로 4세는 1380년에 파르테논이라는 가장 주목할 만한 기념물을 가진 아크로폴리스를 "세계에서 가장 빛나는 보물로서 전 세계 기독교도 왕들이 시샘할 걸작"이라고 묘사했다. 서구 최초의 고대 고고학자인 안코나의 키리아쿠스는 로마인의 지배가 막바지이던 1436년과 1447년 두 차례에 걸쳐 파르테논을 방문했다. 그는 파르테

---

39   나바라 왕국은 스페인 북부에 위치했고 10세기에 건국되어 16세기까지 존속되었다.

논의 시작을 비롯한 역사를 많이 알고 있었다. 자신의 노트와 편지에 짧지만 열정적으로 신전에 관해 쓰고 상당히 인상적인 스케치들을 덧붙였다.

1458년 아크로폴리스에 주둔해 있던 프랑크군이 오스만제국에 항복을 선언했다. 그로부터 얼마 뒤 콘스탄티노플의 정복자 술탄 메흐메트 2세가 아테네를 방문하고 이 고대 기념물에 경의를 표했다. 투르크족의 지배를 받는 동안에 아크로폴리스는 투르크군의 요새가 되어 방문객의 접근이 쉽지 않았다. 파르테논은 주둔군을 위한 이슬람 모스크로 전용되었다. 교회의 모자이크화와 프레스코 벽화 위에는 흰색이 칠해지거나 회반죽이 덮였다. 투르크족 여행가 에블리야 첼레비(1667년경)가 유일하게 이 시기 파르테논의 내부 모습에 대해 믿을 만한 상세한 묘사를 남겼다. 그는 이렇게 썼다. "전 세계의 모스크를 다녀보았지만, 이것에 비길 만한 것은 아직 보지 못했다." 반암제 기둥 위에 놓였던 천개와 (에블리야가 플라톤의 좌석이라 믿었던) 주교의 대리석 좌석 둘 다 손상되지 않은 채 여전히 제자리에 있었다.

후기 르네상스 시기에 서양의 방문객이 아테네에 대해 남긴 가장 오래된 기록은 대부분 투르크 점령기에 작성되었다. 특히 1674년 루이 14세의 대사 누앙텔 후작을 위해 그려진 아크로폴리스와 건축물 스케치에는 파르테논의 외관은 물론이고 내부의 조각들까지 섬세하게 묘사되어 있다. 이 그림들은 한때 프랑스 트루아 출신의 자크 카레[40]가 그렸다고 알

---

40 Jacques Carrey(1649~1726).

려져 '카레의 드로잉'이라고 불렸으나 작자 미상의 작품으로 확인되었다. 프랑스 의사이자 골동품 수집가인 리옹의 자크 스퐁과 이 여행에 동반한 영국인 식물학자 조지 웰러 또한 누앙텔의 추천서를 들고 1676년 파르테논을 방문해 글과 삽화를 많이 남겼다. 이들이 그리스 여행에 관해 묘사한 글과 드로잉은 1678년 리옹에서 호화로운 삽화를 곁들인 대형 판형의 책 세 권으로 출간되었다. 그중 178페이지짜리 두 번째 권은 아테네에 헌정되었다.

1687년 용병으로 꾸려진 베네치아 군대가 아테네를 포위했다. 투르크를 그리스에서 몰아내려 했지만 수포로 돌아갔다. 9월 26일 스웨덴의 백작 쾨니히스마르크가 아크로폴리스를 포격하던 도중 박격포탄이 파르테

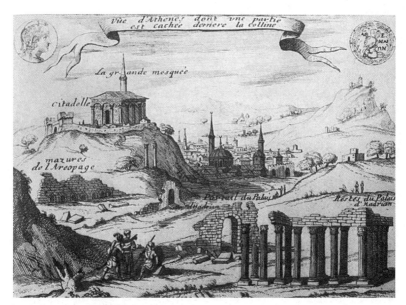

| 자크 스퐁의 드로잉, 아크로폴리스 경관

논의 지붕을 뚫으면서 투르크군이 건물 안에 보관하고 있던 화약이 폭발했다. 그로부터 며칠 뒤 아테네는 베네치아 군대에 항복했다. 이때 파르테논이 입은 피해는 광범위했다. 긴 쪽 콜로네이드의 중심부와 동쪽 현관 기둥들이 무너졌고, 켈라의 윗벽 대부분이 무너져 내렸다. 베네치아 군대가 점령한 2년간 파르테논 신전 내부의 조각들은 더욱더 많이 훼손되었다. 베네치아 점령군의 총사령관 프란체스코 모로시니는 엔리코 단돌로 총독[41]

---

41 Enrico Dandolo(1107~1205).

| 조각가인 카를 슈베르체크가 드로잉에 따라 복원한 서쪽 페디먼트 모형

이 1204년 콘스탄티노플에서 청동 말 조각상 4개를 가져다 산마르코 성
당 정면을 장식했던 일을 따라잡고야 말겠다는 듯, 파르테논 서쪽 페디먼
트 조각들을 떼어내려 했다. 그런데 그 조각들의 무게가 당시 기술자들의
장비로 감당하기에 버거웠고, 조각을 건드려 부서뜨리는 정도에 그쳤다.
현재 코펜하겐 국립박물관에 있는 작은 조각 두 점은 당시 베네치아군에
복무하던 덴마크 장교가 가져온 것이다. 1870년에 피레우스[42] 부두의 진
흙 속에서 발굴된 라피테스인 두상은 모로시니 군대가 유물을 배로 운반
하던 도중 떨어뜨린 것으로 보인다.

　18세기 말엽, 투르크 주재 프랑스 대사인 슈아죌-구피에 백작은 동쪽
프리즈 조각 한 점과 남쪽의 메토프 조각 한 점을 비롯해 파편 여러 개를
습득하는데, 이것들은 1687년의 화약 폭발로 인해 바다에 떨어졌던 것
들로 추정된다. 그는 투르크 장교들에게 뇌물을 주고 파르테논 조각 견본
specimen을 더 많이 손에 넣으려 했으나 실패했다. 그럼에도 구피에는 그
리스 고전 예술에 대한 열정을 포기하지 않았다. 1790년에는 폴란드의

42　Piraeus. 서기전 5세기경 건설된 그리스 도시. 현재 피레에프스.

새 헌법을 기념하도록 파르테논 복제품을 바르샤바에 세우자고 의회에 건의했다. 영국인 여행가 J. R. S. 모리트는 1795년 메토프 조각 한 점을 구입하려고 했으나 투르크인들은 아무것도 팔려 하지 않았다. 그는 파르테논 남쪽의 메토프 조각 15점이 여전히 온전한 상태로 보존되어 있는 걸 보았다.

코펜하겐 국립박물관에 보관 중인 라피테스인 두상. 몸통은 대영박물관에 있다.

파르테논은 베네치아군의 포격 이후 더 이상 모스크로 쓰이지 않았다. 그러나 1689년부터 1755년 사이 언젠가 켈라 벽 안쪽에 작은 모스크 하나가 토대가 없이 세워졌다. 이 모스크는 1842년 많은 부분이 붕괴될 때까지 파괴되지 않고 남아 있었다.

1799년 토머스 브루스Thomas Bruce 엘긴 백작 7세가 오스만제국의 영국대사로 임명되었다. 그가 아테네에서 펼친 활약은 이 책의 다른 곳에서 자세히 다룰 것이다. 여기서는 요약 정리로 만족해야 할 것 같다. 엘긴 경의 원래 의도가 무엇이었는지 확실하지 않다. 파르테논 조각을 스케치하고 모형을 만드는 것이었는지, 아니면 땅에 떨어져 있거나 아직 원래 자리에 있는 조각들의 견본을 채취하는 것이었는지. 그가 전에 없는 기회를 잡았다는 사실을 자각했던 것은 분명하다. 왜냐하면 1798년 8월 나일 강 전투에서 넬슨 제독이 프랑스 함대를 격퇴한 뒤 술탄은 오스만제국을 영국이 프랑스로부터 지켜줄 것이라 기대했기 때문이다. 그 결과 엘긴 경은 술탄의 공사들로부터 '우상들의 성전' 현장에서 조각의 모형을 뜨고 스케치를 할 수 있고, 신전 주변에서 파편을 발굴할 수 있고, "글자나 형상이 새겨진 돌 조각"을 떼어낼 수 있는 권한을 부여한다는 '칙령'을 얻어낼 수 있었다. 대영박물관의 그리스·로마관 전 관리자는 이 칙령이 엘긴에게 조각을 얻기 위해서 파르테논 구조물의 어느 부분이라도 파괴해도 된다는 권한을 준 것이 맞는지 의심스럽다고 했다. 하지만 엘긴은 놀라울 만큼 모호한 이 문서로 무장한 채 프리즈에서 떼어낸 온전한 판석 50개와 절반짜리 2개 그리고 메토프 15개를 떼어내 영국으로 보냈다. 그가 말한 대로 가치 있어 보이는 것들을 모조리 떼어냈다. 이 과정에서 건물은 치명적인 상처를 입었다. 프리즈 판석을 톱질로 자르고, 메토프를 떨어뜨리기 위해 코니스를 떼어내고, 메토프가 놓인 엔타블러처[43]를 부수고, 포장도로pavement에서 대리석 판석을 떼어내고⋯. 차후의 진술에서 엘긴은 아테네에 갔다가 이 조각들이 위험에 처한 것을 보고 조각을 떼어내 보존하기로 결심했을 뿐이라고 주장했다. 그러나 사실 엘긴의 부하들은 1802년 초여름 엘긴이 처음이자 마지막으로 아테네를 방문하기 6개월 전부터 조각들을 떼어내 운송하기 위해 포장하고 있었다. 전례 없는 특혜를 등에 업은 엘긴은 도덕적으로나 심미적으로나 자신의 능력을 넘어선 듯하다. 이 책의 뒷부분에서 밝히겠지만, 원래 '칙령'이 제대로 발부되었는지 여

43　entablature. 고대 그리스 건축에서 기둥 바로 위에 수평으로 연결되어 지붕을 받치는 부분.

부가 의심스럽다는 새로운 증거가 최근에 나왔다. 그것이 어떠하든, 그리하여 파르테논은 조각 장식 대부분을 잃었다. 엘긴은 1816년 의회 특별위원회가 권고한 대로 파르테논 조각상을 영국 정부에 매각했고, 그 뒤에 정부가 이 조각들을 대영박물관에 증여했다.

그리스 독립 전쟁이 벌어지는 동안 아크로폴리스는 두 번 포위됐는데, 1821~1822년에는 그리스에, 1826~1827년에는 투르크에 포위되었다. 포위된 두 시기 동안 파르테논은 가벼운 손상을 입었다. 그리스인들은 자신들의 딜레마를 절감했다. 첫 포위 때 그리스 포병대를 지휘한 프랑스 출신의 그리스 애호가 보티어 대령은 기념물들을 파괴하는 것이 꺼림칙했다. 그는 그리하여 1822년 그리스 혁명정부의 전쟁장관 존 콜레티스에게서 그리스의 고대 유적과 특히 파르테논을 지켜달라고 요청하는 편지를 받았다. 그사이 아크로폴리스에 주둔한 투르크군은 남아 있는 켈라의 벽을 부수고 클램프를 꺼내 여기에 씌운 납을 녹여 탄알을 만들기 시작했다. 이에 그리스 포위대는 투르크군에게 파르테논을 훼손하지 않는다면 탄알을 주겠다는 전갈을 보냈다.

1824년에서 1826년까지 3년간 파르테논은 독립 전쟁에 참전한 군인들의 딸들이 다니는 학교가 되었다. 투르크군은 재탈환한 1827년부터 바이에른군에 넘겨준 1833년까지 파르테논을 점유했다. 1835년 3월 18일 드디어 아크로폴리스는 새로 만들어진 그리스 고고학부의 관할권에 들어갔고 그때부터 고고학부가 보호, 발굴, 복원의 모든 책임을 다하게 됐다.

그리스 고고학부가 넘겨받을 당시 파르테논은 상태가 말이 아니었지만 그 중요성은 세계적으로 인정받고 있었다. 1837년 그리스 고고학회가 창립되었고, 첫 학회가 파르테논 유적에서 개최되었다. 그 행사에서 초대 학회장을 맡은 이아코보스 리조스 네룰로스는 다 부서져가는 건물과 석조 더미를 가리키며 말했다. "이것들은 루비나 마노보다 더 가치가 있습니다. 이 돌들에 우리 국가의 재탄생이 달려 있습니다." 파르테논은 과거에도 지금도 거의 모든 그리스인에게 자신들의 국가적 정체성, 과거와의 연결고리, 그리고 자신과 자신의 조상들이 우리 모두가 공유하고 있는 문명에 공헌했다는 '탁월함'을 상징하는 기념물이다.

그리스 고고학부가 처음 당면한 과제는 아크로폴리스에 산재해 있는 중세와 근대 건물들을 철거하고(철거 과정에는 당시의 고고학적 관행인, 분별력보다는 열의가 앞서기도 했다), 떨어져 나온 고대의 구조물을 확인 identification하는 일이었다. 그런 다음 추가로 발굴 작업 및 수리, 보강 작업을 하고, 떨어져 있거나 엉뚱한 곳에 가 있는 석조물을 원위치로 돌려야 했다(아나스티로시스[44]). 이 작업들은 지금까지도 중단되지 않고 진행돼 왔다. 그 부산물로 준공된 아크로폴리스 박물관에 아크로폴리스 유적지에서 나온 모든 유물을 보관하고 전시할 것이다.

1894년 지진이 아크로폴리스를 휩쓸었고 이로 인해 고대 기념물의 안전에 대한 대중의 관심이 커졌다. 장기간에 걸친 빈틈없는 보수 및 유지

44   anastylosis. 떨어진 부분을 사용하여 유산 및 기념물을 복원하는 방법.

프로그램이 계획되었지만 1930년대까지 마치지 못했다. 조각과 장식에서 떨어져 나온 수많은 작은 파편을 찾아 분류하였다. 건물의 갈라진 틈을 보수하고 잘못된 위치에 있는 것들을 제자리에 놓는 등 아나스티로시스 방법이 더 많이 활용되었다. 안타깝게도 당시에 보급된 기술대로 쇠로 만든 클램프를 이용해 보수했는데, 이 클램프들이 녹이 슬고 팽창하는 등 문제가 많았다. 이처럼 녹스는 것을 막으려고 파르테논의 원조 건설자들이 납으로 쇠 클램프를 감쌌던 사실에 주목할 필요가 있다.

산업화가 진행되고 점점 풍요로워지면서 대기오염이 발생하기 시작했다. 1971년 유네스코 전문가 보고서에 따르면, 파르테논 보존 계획이 시급하다고 강조했다. 1975년 그리스에 민주주의가 회복되자 문화부 장관 콘스탄틴 트리파니스 교수는 전략수립위원회를 열었다. 첫 번째 과제는 사실을 정리하는 것이었다. 전략수립위원회는 1977년 영구적인 아크로폴리스 유적복원 위원회로 발전했다. 이 위원회는 고고학, 건축학, 공학, 화학 등 각계 전문가들로 구성된 고문단을 조직하고 최신의 과학기술을 접목한 장기 보존 계획을 수립하고 있다. 이 프로그램의 세부 계획이 완성되려면 수년이 걸릴 것이며, 이 책의 다른 부분에서 다루고 있다. 여기서는 단지 아크로폴리스 자체의 암반, 그 위에 세워진 기념물들, 특히 파르테논을 어느 정도로 보살필지를 강조하고 싶다. 그리스는 부유한 나라가 아니다. 그리스는 스스로 감당하기 힘들 만큼 많은 고대 유적을 갖고 있다. 하지만 그리스의 목표는 위대한 걸작인 그리스 건축과 조각의 안전, 보존, 복원에 있고, 목표를 달성하는 데 돈과 노력을 아끼지 않는다.

A. W. 로런스가 표현한 대로 "절대적으로 옳다고 평가받을 만한 세계 유일한 건축물물"을 지키기 위해서다. 만약 복원 및 보존 과정에서 건축물에 손상을 입힌다면 더 이상 작업을 진행하지 않는다는 철칙을 준수하고 있다.

파르테논은 그리스인이 세웠고 그리스의 것이다. 그러나 또한 어느 면에서 전 세계의 것이기도 하다. 세계는 파르테논이 잘 관리되기를 바란다. 1983년 9월에서 1986년 1월 사이 아테네, 모스크바, 런던, 암스테르담 등지에서 열린, 아크로폴리스의 보존, 복원과 연구에 관한 전시를 운좋게 본 사람들은 이 작업에 최신 과학 연구 결과만 이용되는 게 아니라 작업에 참여한 사람들의 기술과 사랑도 깨달았을 것이다. 그들은 자신들이 그리스인뿐만 아니라 전 세계 사람들을 대표해 작업한다는 걸 잘 알고 있다.

만약 200여 년 전 엘긴이 떼어 간 조각들이 아테네로 돌아온다면 이것은 그리스 당국과 아크로폴리스에서 일하고 있는 전문가 및 장인 들의 노력에 화답하는, 정의롭고 너그러운 일일 것이다. 이 조각들이 원래 자리를 찾아갈 수 있을지 또는 찾아갈지 말지는 미래 세대의 기술과 선택에 달려 있다. 그동안만 아크로폴리스 기슭에 건설될 새 박물관에 보금자리를 마련할 수도 있다. 최근 전 세계 건축가를 대상으로 박물관 설계 공모전이 실시되었다. 이 박물관이 완공되면 1,500마일을 여행하는 대신 5분쯤 걸으며 파르테논 유적을 전부 볼 수 있게 될 것이다. 파르테논은 오랫동안 그리스의 아크로폴리스에 있었고, 이 글을 쓴 나와 이 글을 읽고 있는 여러분들이 먼지가 되어 사라지고 그 이름이 잊힌 후에도 여전히 그 자리에 서 있을 것이다. 파르테논 건물과 조각들은 처음부터 하나로 생각해 만들어진 것이다. 흩어진 것들을 한데 모아 하나로 볼 수 있다면 우리는 파르테논을 더 잘 이해하고 올바르게 평가할 수 있을 것이다.

더 읽을거리

이 글에서 다룬 이슈의 많은 것들을 다음 두 책에서 다루고 있다.

B. F. Cook, *The Elgin Marbles*, London : British Museum Publications, 1984.

J. Baelen, *La Chronique de Parthénon*, Paris : Les Belles Letters, 1956.

페리클레스 시대에 파르테논 신전 건설과 그 중요성에 대해서는 다음 책을 참고하라.

Susan Woodford, *The Parthenon*, Cambridge : Cambridge University Press, 1980.

J. Boardman, *The Parthenon and its Sculpture*, London : Thames & Hudson, 1985(아름다운 삽화가 실려 있음).

G. T. W. Hooker(ed.), *Parthenos and Parthenon*. Greece and Rome 10 부록(1963). 종교적, 정치적, 문화적 배경에 대한 연구 총서다.

R. E. Wycherly, *The Stones of Athens*, Princeton : Princeton University

Press, 1978, ch. IV. 파르테논 건축물과 조각에 대한 간략하지만 핵심적인 연구 및 건축에 대한 정치적 배경을 소개한다.

E. Berger (ed.), *Parthenon-Kongress Basel*, 2 vols, Mainz : Von Zabern, 1984. 바젤의 안티켄 박물관Antikenmuseum에 소장된 파르테논 조각 전체의 모형 컬렉션을 개관하는 회의에서 전달된 문서들로, 주로 영어와 독일어로 되어 있다.

오늘날 파르테논의 가치에 대해서는 다음 책을 참고하라.

David Lowenthal, *The Past is a Foreign Country*, Cambridge : Cambridge University Press, 1985.

파르테논을 방문했던 서방 여행자들에 대해서는 다음 책을 참고하라.

Fani-Maria Tsigakou, *The Rediscovery of Greece*, London : Thames & Hudson, 1981.

엘긴 마블스의 취득에 관해서는 다음 책을 참조하라.

Russell Chamberlin, *Loot*, London : Thames & Hudson, 1983.

A. H. Smith, 'Lord Elgin and his Collection', *Journal of Hellenic Studies* 36 (1916), pp. 163~372. 기본적인 주요한 사안에 대해 충분한 증거 자료를 제시한다.

W. St Clair, *Lord Elgin and the Marbles*, Oxford : Clarendon Press,

1967(reptd 1983). A. H. 스미스가 수집한 자료를 바탕으로 광대한 역사적 틀에서 사건을 이야기식으로 서술한다.

T. Vrettos, *A Shadow of Magnitude : The Acquisition of the Elgin Marbles*, New York : Putnam, 1974. 그리스 측의 입장에서 나온 보다 비판적인 의견.

내슈빌의 파르테논 복제에 관해서는 다음 책을 참고하라.

W. F. Creighton, *The Parthenon in Nashville*, Nashville : 개인 출판, 1968.

에든버러 파르테논 프로젝트에 관해서는 다음 책을 참고하라.

G. Cleghorn, *Remarks on the Intended Restoration of the Parthenon as the National Monument of Scotland*, Edinburgh : 개인 출판, 1824.

2
엘긴 마블스

크리스토퍼 히친스

파르테논 조각들은 간접적인 방식을 제외한다면,
전쟁으로 얻은 전리품이 아니다. 그리스와 영국은
적대 관계나 경쟁 관계에 놓인 적이 없었으므로,
영국의 박물관을 가득 메운 온갖 찬란한 유물들은
영국 식민지나 원정군이 가져온 것이다.

1802년 9월의 어느 날, 그리스인과 투르크인, 영국인이 아크로폴리스 광장에 모였다. 파르테논 신전에서 메토프 조각 한 점을 떼어내는 광경을 지켜보기 위해서다. 반인반마 켄타우로스가 여자를 납치하는 장면을 새긴 조각이었다. 이 일행의 정체는 《유럽, 아시아, 아프리카 여행기》의 저자인 에드워드 대니얼 클라크, 엘긴 경이 영국으로 작품 운반을 감독하도록 고용한 이탈리아 화가 조반니 바티스타 루시에리, 그리고 당시 그리스를 점령한 오스만제국 군대를 대표하는 '디스다르¹'였다. 클라크는 이 광경을 다음과 같이 묘사했다.

1　Disdar. 투르크어로는 'dizdar'이고, 오스만제국에서 성이나 요새를 관할하는 사령관에게 주어지는 직책이다.

일꾼 하나가 잠시 신전 이곳저곳을 살피더니 바티스타 씨에게 가서 이제 메토프를 내리겠다고 알렸다. 우리는 이 멋진 조각이 트리글리프[2] 사이의 원위치에서 뜯겨져 나와 들어 올려지는 모습을 지켜봤다. 그런데 일꾼들이 지정된 하강선을 맞추려 애쓰다가, 옆에 붙은 석조물 일부가 기계 때문에 덜컹거렸다. 그리고 아름다운 펜텔리콘산 대리석에서 부서져 나온 하얀 파편 조각들이 엄청난 굉음을 내며 폐허 위로 떨어졌다.…

건축물이 훼손되는 광경을 지켜보던 디스다르는 입에 문 파이프를 빼 들고 눈물 한 방울을 떨어뜨리면서 애원하는 듯한 어조로 루시에리에게 말했다. "Τελος(끝났군요)."

1802년 9월 16일, 루시에리는 자신의 고용주에게 보낸 서신에서 똑같은 순간을 다음과 같이 묘사한다.

백작님, 여덟 번째 메토프도 수중에 넣었음을 알리게 되어 기쁩니다. 켄타우로스가 여자를 납치하는 장면입니다. 이번 작업은 여러모로 어려움이 많았고, 그래서 조금은 야만적으로 할 수밖에 없었습니다.

이 사건을 발단으로 파르테논 조각상을 둘러싼 논쟁이 이어진다. 이 조

---

2   triglyph. 도리스양식 건축의 프리즈에서 일정한 간격으로 반복되는 세로 홈이 세 개 팬 띠로 구성된 단위.

각상을 둘러싼 입장의 핵심적인 차이는 엘긴 경의 고용인들이 파르테논에서 조각을 들어내던 때 이미 시작되었음을 알 수 있다. 클라크의 글은 신전의 손상을 지켜보는 인간적인 감정을 드러내는 반면, 루시에리의 글은 어려운 일을 무사히 끝냈다는 안도감이 확연하다. 클라크가 감정적이라 느

| 여자를 납치하는 켄타우로스

껴질 만큼 강력하게 서술하는 데 비해, 루시에리는 침착하고 완곡하게 설명한다. 만일 루시에리가 영국인이었고 클라크가 이탈리아인이었다면, 두 사람의 상반된 감정은 가뜩이나 자주 비교되곤 하는 영국인과 이탈리아인의 국민 정서의 차이로 비쳤을 것이다.

그러나 루시에리는 엘긴 백작 7세이자 킨카딘 백작 11세인 토머스 브루스가 고용한 사람이었다. 엘긴 경은 파르테논 조각상을 취득해 다시 영국 의회에 매각하면서 이 예술품에 영구적으로 자신의 이름을 남겼다. 대영박물관은 지금까지도 이 소장품에 대해 '엘긴 마블스'라는 호칭을 더 빈번히 사용해 경의를 표하고 있다. 이렇듯 예술 작품에 수집가 이름을 붙인 데에는 특별한 심리적 의미가 있다. 로만 폴란스키의 영화 〈맥베스〉나 켄 러셀의 영화 〈말러〉라는 말을 들으면 문화적 트롱프뢰유[3]이고 풍자라며 웃어넘길 것이다. 반면 미켈란젤로의 〈피에타〉나 레오나르도 다

빈치의 〈모나리자〉는 그 호칭을 허용한다. 하지만 '엘긴 마블스'를 고집하는 이들은 어떤 식으로든 증명해야 할 사항을 기정사실로 만들어버린 셈이다.

파르테논 조각들은 일종의 시범 사례가 되고 있다. 실질적 점유자가 법적 소유자만큼 소유권을 강하게 주장할 수 없다면, 소유권은 어느 정도일까, 아니 어느 정도 되어야 할까? 신전에서 조각을 절단하는 것 같은, 오늘날 저지르면 맹비난을 받을 행위를 계속 정당화할 수 있을까? 국가적 이기주의나 기업의 권한을 제외하고 문화재의 분담을 지배하는 어떤 기준이 있기는 한 것일까?

이 모든 이슈들은 최근 영국인들에게 깊은 인상을 주었고 정도는 약하지만 그리스인들에게도 관심을 받게 되었는데, 이는 파르테논 신전에서 조각이 분리돼온 것만큼 그리고 어쩌면 더 오래전에 시작되었다. 이 논쟁에 대해 영국의 시인 바이런과 토머스 하디, 존 키츠, 그리스의 작가 니코스 카잔차키스와 콘스탄틴 카바피, 이오르고스 세페리아데스를 비롯한 많은 작가들이 유려한 증언을 남겼다. 또한 시간이 흐르면서 학자들이 많은 새로운 증거들을 이용할 수 있게 되었다.

하지만 형태나 아름다움을 볼 줄 아는 눈을 가진 사람들은 언제나 핵심을 간파하고 있었다. 이 논쟁은 단지 국가나 정부, 또는 박물관 운영진의

---

3 trompe-l'oeils. '눈속임, 착각을 일으킴'이란 뜻으로, 실물로 착각을 일으킬 만큼 정밀하고 생생하게 묘사한 그림을 말한다.

'자부심Amour propre'만 관련된 것이었다면 계속되어야 할 이유가 없다. 그리스 양식을 연구하는 학생이라면 빼놓지 않고 찾게 되는 런던과 아크로폴리스라는 두 장소를 비교해보는 것이 이 논쟁의 서두로서 의미가 있을 것이다.

파르테논 마블스가 흩어진 두 곳

파르테논이 태어난 아크로폴리스

친그리스주의자들이 고대 그리스 문화를 최상이라고 칭송하는 것은 당연하지만, 역사학자 가운데 서기전 5세기의 아테네가 이룬 탁월한 문화적 성과에 이의를 제기하는 이는 거의 없다. 페리클레스 시대에 대해서는 해석하는 시각이 매우 다양하다. 제국주의적이고 침략적이었던 당시 아테네인들의 행태를 문제 삼는 비평가가 있는가 하면, 아테네 '민주주의'의 불완전한 성격을 강조하는 비평가도 있다. 그러나 페리클레스 시대가 이룬 성과는 신화로만 치부할 수 없을 만큼 대단했다. 서기전 5세기 아테네를 말할 때 페리클레스의 이름을 빼놓을 수 없다는 것은 그를 비난하는 사람들도 동의하는 사실이다. 다몬, 제논, 아낙사고라스에게 교육받은 페리클레스는 무리해 해외 원정을 나갔고 지나치게 대중에 영합했다는 비판도 받지만, 그는 자신의 실수와 패배에서 교훈을 얻었고 변화

페리클레스

를 도모했다. 페리클레스는 배심원과 군인, 공직자 들의 수당을 국가 예산으로 지급하는 등 공평한 사회제도—그의 정적들은 물론 이런 개혁에 격분했다—를 세우려고 노력했다. 또한 연극을 후원했으며, 여성의 지위도 이전에 비해 조금이나마 향상시켰다. 이런 개혁의 대가로 페리클레스는 아테네 시민들에게 균형과 조화에 입각한 수준 높은 시민정신을 요구했다.

이러한 그의 생각은 고대 그리스 역사가인 투키디데스가 기록하여 후대에 길이 남은 페리클레스의 펠로폰네소스 전쟁 추도 연설문에 잘 드러나 있다.

페리클레스 시대의 시민들은 법에 복종하기보다는 자발적으로 법을 준수했다. 능력을 평가 잣대로 삼았으며, 군사적 효율성이라는 명목으로 상업과 예술을 억누르지 않았다. 페리클레스는 자신이 품은 이상대로 살려고 노력했으며 전인적全人的 인간상을 실현하고자 애썼다. 소포클레스와 헤로도토스의 친구이자 아테네 예술의 후원자로서 (조각가이자 친구였던 페이디아스와 함께) "실용성만 따지는 엄숙주의자들"과 싸우기도 했다.

서기전 450년경 페리클레스는 아테네 민회에 법령 하나를 상정하는데,

페르시아와 전쟁을 벌이는 데에만 쓰던 국가 재정을 이제부터 제2차 페르시아 전쟁으로 파괴된 신전과 조각을 재건하는 데 쓰자는 내용이었다. 반대파의 성토가 엄청났지만 페리클레스는 민회를 설득하는 데 성공했다. 이에 대해 플루타르코스는 《페리클레스》에서 다음과 같이 기술했다.

> 민회 의원들도 뱃사람, 파수꾼, 군인과 조금도 다름없이 갖가지 핑계를 대어 이 나라의 공적 부를 나누어 갖으려는 사람들일 뿐이었다. 사용될 재료는 돌과 청동, 상아, 금, 흑단, 사이프러스 나무였으며, 목수, 주형공, 청동 세공사, 석수와 염색공, 금과 동 세공사, 화가, 자수 전문가, 돈을새김 세공사, 운반업자와 재료 공급자 등이 이 재료들을 가지고 일할 것이었다. … 나이와 상관없이 온 도시의 능력과 자원이 활용되고 분담될 예정이었다.

팔라스 아테나 여신의 신전 건설이라는 지상 과업에 온 도시의 재주와 재능이 총동원되었다. 우리는 페이디아스라는 이름을 들을 때 아테네의 천재 조각가를 떠올리지만 그 이면에는 그의 작업을 도와준 수많은 사람들이 있었다. 건축가 익티노스도 그중 한 명이었는데, 그는 작업이 진행됨에 따라 계속 설계를 수정했다. J. M. 쿡 교수는 다음과 같이 말한다. "사실상 파르테논 건축에 사용된 작은 벽돌 하나까지 그 기울기와 곡선에 맞도록 세심하게 설계되었다. 이처럼 화려한 건축물은 다시없을 것이다." 그리고 이렇게 덧붙인다. "파르테논 스타일은 화려한*par excellence* 고전

스타일이다. 그 결과, 좋든 싫든 그리스 조각에서 사라진 지역적인 스타일이다. 현재의 예술가들이 흔한 전통을 반복하는데도 유럽 미술은 고속도로에 멈춘 채 아테네 조각가들로부터 그것을 그리스 영토 밖으로 빼오지 못하고 있다."

다른 위대한 예술품과 마찬가지로 파르테논 조각도 간결함과 순수함 위에 세심하면서 풍부한 장식을 더하는 방식으로 제작되었다. 설계의 '핵심'은 균형balance과 대칭symmetry이었는데, 이는 메토프와 프리즈, 페디먼트의 삼박자로 표현되었다. 이러한 건축 구조 자체가 새로운 것은 아니었지만, 파르테논은 각각에서 새로운 수준과, 새롭고도 더 미묘하게 이 세 가지의 관계를 구축했다. 파르테논은 통상 6개인 기둥을 8개로 늘렸고, 이렇게 해서 더 넓어진 페디먼트 공간에는 조각을 새겨넣었다. 또한 이런 규모의 건물로서는 드물게도 92개나 되는 메토프는 각각 다르게 조각되었고, 독특하게 연속된 도리스양식의 프리즈가 생겼다.

저부조의 프리즈와 고부조의 메토프는 지금까지 고전기 예술의 형상과 의미를 연구하는 이론가들에게 풍부한 세계를 제공해왔다. 프리즈에 새겨진 인물은 총 192명인데, 이는 마라톤에서 죽어간 아테네 영웅의 숫자와 일치한다. 프리즈에 새겨진 행렬이 영웅들을 환영하는 신들의 행렬이라고 보는 시각도 있다. 한편에서는 아테네에서 유쾌하게en fête 아테나 여신과 그 추종자들을 기렸던 파나테나이아 축제 행렬이라고 보기도 한다. 물론 파르테논의 프리즈에 대해 이 두 가지 해석 중 하나를 버려야 할 이유는 없다.

메토프에 관해서라면, 1808년에 처음으로 그것을 본 이후 열혈 애호가가 되어버린 영국인 화가 벤저민 로버트 헤이든[4]의 호들갑스러운 감상평을 인용하지 않을 수 없다.

▎동편 페디먼트의 테세우스

　맨 처음에 내 시선을 잡아끈 것은 무리의 여성 조각들 가운데 하나에서 도드라진 손목의 둥근 곡선과 척골이었다. 나는 지금껏 한 번도 고전 조각에서 여성의 손목을 본 적이 없었기에 깜짝 놀랐다. 그 여성의 팔꿈치에서 시선이 멈추었는데, 놀라우리만치 팔꿈치 끝에 튀어나온 뼈까지 자연스럽게 조각되어 있었다. 그 팔은 평온하고 부드럽게 휴식 자세를 하고 있었다. … 그러나 테세우스 쪽으로 돌자 온갖 형태가 행위를 하거나 휴식을 하는 듯이 달라져 있었다. 그의 등 양쪽을 보았는데, 한쪽 팔은 앞을 당기듯이 어깨뼈에서 쭉 뻗어 있고 다른 한 팔은 척추 근처를 밀면서 마치 팔꿈치에 기대 쉬는 듯이 어깨뼈에 눌려 있었다. 앉은 상태에서 창자가 골반에 푹 빠졌는지 배는 평평했다. 일리수스로 눈을 돌리니 내 눈에 옆으로 누운 인물의 불뚝 튀어나온 배가 보였다. 그리고 역시나 전투 장면을 묘사한 메토프에서 나는 금방이라도 창을 던질 듯한 겨드랑이 아

4　Benjamin Robert Haydon(1786~1846). 신고전주의 화가.

강의 신 일리수스

래 근육을 보았는데 다른 쪽 겨드랑이는 보이지 않았다. 사실 가장 영웅적인 스타일의 예술은 실제 삶의 세세한 부분을 표현해내는 것임을 알게 되니 조각은 즉시 행동할 듯했고 또 영원히 행동하고 있는 듯했다.

만약 이 조각들이 런던으로 옮겨지지 않았다면 헤이든은 이 조각들을 못 보았을 수도 있고, 친구이자 시인인 존 키츠에게 이 조각들을 못 보여주었을 수도 있다(파르테논 조각이 영국으로 건너간 것이 무조건 나쁜 결과만 낳은 것은 아니다). 핵심은 파르테논 조각들은 제작된 지 2,000년이 지난 후에도 이러한 감정을 불러일으키는 힘을 가졌고, 가지고 있다는 것이다. 이 조각들의 출처를 완전히 모르는 관람객에게는 분명 이와 같은 영향을 미칠 수 있다. 그러나 관람객들이 이 조각에서 느끼는 매력의 대부분은 페리클레스 '전성기^{summa}'의 아테네가 남긴 도전할 수 없는 업적에서 온 것이다. "아테네 시민은 각자 삶의 다양한 면에서 삶의 주체로서 자신을 보여줄 수 있을 뿐만 아니라 이례적일 정도로 우아하고 다재다능하다"라는 페리클레스 시대의 이상을 불완전하게나마 보여주는 전형이라한다면 너무 낭만적이고 별난 생각일까? 프리즈 대부분과 여러 메토프가 원래 건물에서 뜯어지자 미학적으로 이 같은 분리에 대한 공포감이 일었다.

이런 공포감은 균형, 간결함, 전체성이 당시 아테네의 주요한 예술 유산이라는 상식을 알고 있는 사람이라면 누구나 느꼈다.

아테네 여신에게 헌정된 이래로 파르테논은 온갖 수모를 겪었다. 5세기에는 폐쇄돼 버려진 적도 있었다. 비잔틴 제국의 지배 아래에서는 기독교 교회가 되었으며, 바실리우스 2세가 불가리아인들에 대한 유혈 보복을 완료한 1018년에는 그가 주관한 추수감사절 예배가 이곳에서 열렸다. 1458년 투르크에 점령된 뒤에 이슬람 모스크로 전용되었고 미나레트[5]가 남서쪽 모서리에 세워졌다. 에레크테이온 신전은 사령관의 하렘[6]으로 전락했다.

베네치아의 기독교 세력이 아마도 파르테논을 가장 많이 파괴했을 것이다. 1687년 9월, 프란체스코 모로시니 장군이 이끈 베네치아군이 아크로폴리스를 포위 공격했고, 기습적으로 투르크군이 만들어놓은 화약고에 불을 붙였다. 그 결과 파르테논이 입은 피해는 비극적이고 회복할 수 없는 정도였다. 그 후의 일들은 모로시니의 명성에 거의 도움이 되지 않았다. 고대 기념물에서 돌을 가져다 성곽을 보수했고, 파르테논 서쪽 페디먼트의 핵심 조각을 떼어다 베네치아에 있는 자기 집에 가져가려 했다. (당시 베네치아 팸플릿 작가가 본 바로는, 만약 그가 성공하지 않았다면 다른 누군가가 그렇게 했을 이 사건 때문에 모로시니는 고대 유물의 구원자라는 명

---

5 minaret. 이슬람 건축에서 모스크에 부설된 높은 탑. 신도들을 예배에 참석하도록 부르기 위하여 건조되었다. 평소 사용하는 '마나라'라고 하는 말은 원래 촛대, 등대, 감시탑 등을 가리켰다.
6 이슬람 국가에서 부인들이 거처하는 방. 가까운 친척 이외의 일반 남자들의 출입이 금지된다.

성을 얻게 되었다.) 모로시니가 고용한 일꾼들은 태평스럽고 무덤덤했는
데 서투르게 조각상을 떨어뜨리고 산산조각내도 되어서 지나간 곳마다
조각이 바닥에 널려 있었다.

파르테논에 대한 가장 말도 안 되는 모독은 금세기에 있었다. 나치가
아테네를 점령한 동안 파르테논은 훼손되지 않았지만 유럽에서 히틀러
의 '신질서'를 상징하는 만卍 자 깃발이 펄럭이고 있었다. 이는 그리스 저
항군의 반감을 자극하는 데 크게 기여하였다.

이교도 성지, 교회, 모스크, 무기고, 나치의 모독, 닥치는 대로 작품을
모으는 수집가, ⋯ 파르테논이 아직 남아 있다는 자체가 놀라운 기적이
다. 이 모든 우여곡절과 손상에도 불구하고 페리클레스의 영광은 아직 사
라지지 않았다. 이는 그리스의 영광이요, 인류 문명의 영광이다. 끝없는
약탈을 파르테논이 견뎌냈는데 한 가지만 다르다. 불완전하다는 것이다.

파르테논 반쪽이 옮겨간 영국의 블룸즈버리

시커멓게 그을린 런던 도심 한가운데 이 대리석 신상들이 보관되어 있
었는데, 마치 미소를 잃은 청교도가 행복하고 황홀했던 죄악의 순간들을
기억 저편에 아스라이 묻어두고 있듯이.

(니코스 카잔차키스,《영국 기행》, 1939[7])

7　이종인 옮김, 열린책들, 2008.

제2차 세계대전이 발발하기 전날 니코스 카잔차키스가 쓴 이 여행서만큼 영국을 극찬한 외국인 방문자의 책은 아마 없을 것이다. 카잔차키스는 영국이 인류에게 신사도와 마그나 카르타Magna Carta (대헌장), 셰익스피어Shakespeare라는 세 가지 축복을 선사했다고 결론을 지었다. 신사("자유롭고, 서두르지 않으며, 자부심 강하되 온화하고, 용감하며 겸손할 뿐 아니라 감정을 잘 다스리는")가 어찌 자기 생각을 당당하게 말하지 않겠는가. 그러니 신사도의 나라에서 마그나 카르타와 셰익스피어가 나온 것은 당연하다. 그런 카잔차키스가 영국에 대해 비판적이며 불편한 심기를 드러낸 대목은 단 하나, 블룸

ㅣ 대영박물관에 있는 에레크테이온 신전의 여상주

즈버리의 대영박물관 수장고를 언급했을 때뿐이다.

파르테논의 프리즈는 원래 패널 115장으로 이루어져 있었다. 그중 94장이 남아 있는데 온전한 것도 있고 파손된 것도 있으며, 그중 36장은

아크로폴리스 박물관에 있다. 원래 94장의 메토프 가운데 39장이 신전에 남아 있거나 아크로폴리스 박물관으로 옮겨졌다. 프리즈 패널 한 장은 현재 루브르 박물관에 보관되어 있다. 대영박물관에는 프리즈 패널 56장, 메토프 15장이 소장되어 있다. 대영박물관은 또한 에레크테이온 신전의 여상주 하나와 기둥을 포함하여 페디먼트 조각 17점도 소장하고 있다. 다시 말해 현존하는 파르테논 조각 가운데 절반가량이 런던 대영박물관에 있고, 그 나머지가 아테네에 있다는 이야기다.

　이 조각들이 원래 하나의 건축물을 장식하기 위해 새겨진 것들이며 그 건축물이 과거의 모습을 잃었어도 아직도 건재하다는 사실과 이 조각들이 (무엇보다 특히 프리즈는) 하나의 연속된 장면을 묘사하고 있다는 사실을 감안할 때 이처럼 분할 보관하는 현실은 불합리해 보이고, 또 오늘날 이런 제안을 했다면 조롱당할 것이 뻔하다. 대리석 조각을 모두 런던의 박물관 하나에 모으든가 파르테논 가까이 아테네의 박물관 하나에 모으든가 할 수 있다. 그런데 둘 중 한 곳이 파르테논에서 멀리 떨어져 있고 또 조각이 탄생한 맥락을 볼 때, 두 곳에 나눠 보관한다는 것은 해괴하고 비이성적이며 반反예술적이다.

영국인은 해괴하거나 비이성적이지 않으며, 오히려 몰지각한 행위에 치를 떠는 사람들이므로 다르게 설명할 필요가 있다. 그 답은 박물관 그 자체가 어마어마한 보물 창고인 블룸즈버리에서 가장 잘 찾을 수 있을 듯하다.

윌리엄 엠프슨은 자신의 시 〈대영박물관 찬사〉에서 대영박물관이 위치한 런던 블룸즈버리의 그레이트 러셀 거리를 찾은 사람이라면 느낄법한 존경심과 저항감이 엇갈리는 상태를 다음과 같이 포착했다.

민족학 관에는 지상신이 있다.
두꺼비 모양으로 움푹 파인 그곳은 빈 방패를 마주하고 있다.
뒤편 홀에서부터 에워싼 판테온은 그것의 옆구리를 둘렀고,
배꼽, 온 창자와 기관에는, 조각상과 신상들이 이처럼 들러붙었다.
매끄러운 몸통은 온 세상의 상징들로 덕지덕지 장식했다.
그곳에서 우리는 모든 나라의 문화를 흡수하자.
그 앞에서는 우리의 판단도 용해시켜라.

그러면, 우리의 시야는 흐려지고

(사람들은 빠져나갈 길만 묻게 될 것이며),

그 자리에 서서 이제는 돌아갈 곳 없다 인정하게 되리라.

모든 것이 되는 것이 곧 무언가가 되는 것이라는 사실을 받아들이자.

우리 자신을 의심의 제물로 바치자.

이 신에 대한 우리의 판단을 내려놓자.

그리고 그가 이 모든 건축물 위에 군림하고 있음을 인정하자.

엠프슨은 대영박물관의 무게, 즉 온전한 덩치와 소장품에 대한 기이한 자신감을 느꼈다. 어떤 사람은 템스 강 남쪽 허술한 관계처럼 대영박물관 스스로 제국주의 박물관이라 부르는 게 더 적절할지도 모른다고 말하고 싶을 것이다. 백번 양보해 그런 우리 생각이 경박하고 상대주의적인 면이 있다는 사실도 인정한다. 역사는 되돌릴 수 없다. 영국을 전혀 모르는 사람이 대영박물관을 방문한다면 한때 영국 사람들은 전 세계 지배를 즐겼을 것이라고 결론내릴 수 있다. 그도 그럴 것이 로제타석을 포함해 고대 바빌로니아와 이집트의 수많은 유적이 대영박물관에 전시되어 있기 때문이다. 잘 정리되어 전시되고 있어 발견된 유물 전부를 다양한 방법으로 관람할 수 있기 때문에 결코 조롱의 대상만은 아니다.(엠프슨뿐 아니라 수많은 대영박물관의 관람객이 같은 결론을 내리고 있다.) 유물 수호자로서 직업의식을 가졌고 또 가지고 있다는 증거가 여기 있다. 이처럼 오랜 세월 세계 유산을 지켜온 데서 오는 자신감과 침착함은 이제 '책임감'이라는 단어로 자리 잡았다. 그 앞에서 카잔차키스의 부드러운 조롱이나 엠프슨의 희미한 초조감은 큰 힘을 발휘하지 못한다. 그러나 카잔차키스는 옳았다. 값을 매길 수 없는 대영박물관의 수집물 하나하나에는 억압된 범죄의 흔적이 고스란히 남아 있다. 이 사실이 수면에 오르기까지는 적잖은 시간이 걸렸고, '황홀경'을 좇는 원죄의 본성을 그동안 잘도 숨겨왔다.

첫 번째 취득, 엘긴이 파르테논을 뜯어내다

엘긴 경의 그리스 원정에 관해 가장 완벽하게 설명한 글은 또한 가장 공감이 가는 글이다. 1916년에 발행된 《헬레니즘 연구 저널》에 대영박물관의 그리스·로마관 관리자인 아서 해밀턴 스미스가 쓴 방대하고 자세한 글 〈엘긴 경과 그의 수집품〉이 실렸다. 스미스는 공적으로나 사적으로나 엘긴을 옹호하는 입장이었다. 대영박물관의 관리자로서 충심으로 일했고, 엘긴 가와 먼 친척지간이었다. 그럼에도 스미스는 이 글에서 객관적이고 감정에 치우치지 않은 학문의 모범을 보였다. 딱 한 군데 감정에 흔들린 듯한 부분이 있기는 하다(앞으로 보게 되겠지만, 너무나도 확연하다). 거의 100년이 지난 현재의 관점에서 봤을 때에는 솔직하고 면밀하게 주제에 접근하는 스미스의 방식이 훨씬 더 인상적으로 다가온다. 어떤 연대기 저술가도 '나쁜 점까지도 모두' 담으려고 집요하게 노력하는 자세를 따라잡을 수는 없다.

| 토머스 브루스, 엘긴 경

스미스의 서술은 첫 페이지부터 의도하지 않은 엘긴의 인상을 심어주었다. "이 글의 주인공인 엘긴 경은 (잠시 머물렀을 뿐인) 해로 스쿨과 웨스트민스터 스쿨에서 교육받았으며, … 1785년 입대하였고 실질적인 군복무를 전혀 하지 않고도 1835년 소장직급까지 올라갔다. 1790년 스코틀랜드 귀족 대표 의원[8]으로 선출되어 1807년까지 그 자리를 지켰다." 그리고 독자들에게 과장되고 오만한 포즈로 생각될 수 있는 엘긴의 전신 도판이 이어진다. 스미스가 마치 엘긴 경에게 무료하고 무례한 소小 군주의 모습을 불러오려 했다고 생각될 수도 있다. 하지만 이것은 결코 스미스의 의도가 아니었다. 이 글에서 엘긴은 결단력과 수완이 좋은 사람으로 나타난다. 때로는 자기 연민에도 빠지지만 열정적이며 세련미 넘치는 사람으로 그려진다.

엘긴의 큰 단점은 인색함이었다. 1799년 상당한 로비를 통해 콘스탄티노플 쉬블림포르트[9] 주재 대사직에 임명되자, 엘긴은 재임 기간 동안 순

8　귀족의 대표로서 귀족원院에 의석을 갖는 스코틀랜드·아일랜드의 귀족.

수 예술에 헌신했던 사람으로 이름을 남기기로 결심했다. 그는 엄청나게 파괴된 아테네를 스케치해 기록으로 남길 생각을 품고 정부에 지원을 요청했다. 이제 막 이름을 얻기 시작한 24세의 청년 화가 J. M. W. 터너 이야기가 엘긴의 귀에 들어갔다. 터너는 그 일을 수락하려 했지만 엘긴과 일하기는 불가능했다. 엘긴의 입으로 그 이유를 들어보자.

그〔터너〕는 자신이 작업한 것 중 일정 부분을 자기 몫으로 하고 싶어 했다. 게다가 제반 비용과 별도로 급료를 700에서 800파운드 사이를 요구했는데, 당연히 내 능력 밖이었다. 그래서 여기에서 착수 준비를 하나도 하지 못했다.

엘긴이 파르테논 조각에 관한 하원의 특별위원회에서 이렇게 말했는데, 17년이나 지난 일이라서 자세한 상황을 잊어버렸을 수도 있다. 사실 당시 터너는 400파운드를 요구했다. 여하튼 엘긴은 거대 프로젝트에 위대한 예술가를 끌어들일 기회를 놓쳤다. 터너를 잡았다면 위대한 예술가의 후원자로서 영원히 이름을 남겼을 수도 있었다. 이에 대한 스미스의 해석이 자못 흥미롭다. "미술가가 필요했던 엘긴 경은 당연히 터너를 염두에 두었다. 루시에리 대신 터너를 고용했더라면 더 많은 드로잉을 얻었

9 Sublime Porte. '높은 문'이란 뜻의 터키어 Babiali를 프랑스어로 옮긴 것으로, 한때 유럽인들이 오스만투르크 정부를 지칭했던 말.

| 터너의 아크로폴리스 스케치

을 테지만, 엘긴의 대리석 컬렉션은 결코 구성되지 못했을 것이다(필자 강조)." 스미스는 무슨 근거로 이렇게 확신에 차 주장할 수 있었을까? 그의 서사는 문화와 순수예술 프로젝트들이 단계적으로 그리고 시시때때로 참가자들도 인지하지 못하는 사이에 사업, 곧 일이 되고 결국에 어떻게 기회주의적인 취득으로 흘러갔는지를 보여준다.

터너를 물리친 뒤 엘긴이 가장 먼저 한 일은 보잘것없는 두 사람을 영입한 것이다. 그는 해로 스쿨 출신으로 나중에 대영박물관 운영진으로 활동한 윌리엄 리처드 해밀턴[10]을 1799년에 콘스탄티노플 대사의 보좌관으로 고용했다. 그리고 운이 다한 삽화가 조반니 바티스타 루시에리(첨언하면, 연봉 500파운드를 주기로 했다)를 '공식 화가*peintre en titre*'로 고용했다. 루시에리가 그린 파르테논 그림 대부분은 몇 년 뒤 항해 도중 잃어버려 몇 점 남지 않았다. 그는 세밀한 소묘 작가로 평판을 얻었으나 명암 표현이 부족하다는 비판도 받았다.

해밀턴은 나중에 외교부 차관으로 그리고 워털루 전투 이후에 나폴레옹에게 빼앗겼던 예술품 환수를 주관하는 업무를 맡아 능력을 발휘하게 된다. 하지만 1799년에 해밀턴은 엘긴에게 다음과 같이 편지를 썼다.[11]

프랑스인들이 로마에서 귀한 조각상을 모두 쓸어갔습니다. 바티칸 한 곳에서만 가져간 작품이 62점에 이릅니다. 그중에 아폴로니오스의 서명이 있는 벨베데레 토르소, 라오콘, 멜레아그로스가 있습니다. 다른 박물관들에서도 최고 작품을 가져갔습니다. 당연히 파리로 갔고, 공화정 기간에 모든 갤러리에 걸렸던 최고 거장들의 '걸작*Chef d'oeuvres*'은 거저 팔려 나갔습니다. 모든 갤러리가 최고의 유화 그림들을 빼앗겼는데, 도리아 갤러리는 예외였습니다. 운 좋게도 프레스코 작품은 움직일 도리가 없었기 때문입니다.

---

10 William Richard Hamilton(1777~1859). 골동품 수집가이자 여행가, 외교관.

11 나폴레옹은 루브르 박물관을 프랑스를 알리는 가장 강력한 장소로 보았다. 1794년부터 해외 원정에 나선 나폴레옹은 오스트리아, 바티칸, 이집트 등지에서 전리품으로 귀중한 미술품들을 싣고 파리로 돌아온다. 그중에 루벤스의 제단화, 라파엘로의 〈그리스도의 변모〉, 카라바조의 〈십자가에서 내림〉, 로마의 대리석 조각, 고대 이집트 유적 등이 있었다.

| 벨베데레 토르소

| 라오콘 군상　　　　　　　| 멜레아그로스

스미스는 해밀턴의 이 글에 대해 '흥미롭다'는 평을 달았다. 다른 사람
이라면 아이러니하다는 평을 선호했을 게다.

18세기가 저물고 19세기로 접어들면서 엘긴의 수하들이 모형을 만들고 스케치하는, 다른 말로 하면 고대 아테네의 영광을 재현하겠다는, 아직은 제한된 목표를 갖고 로마로 모여들었다. 동료들에게 "엘긴 경의 칼미크인"[12] 으로 알려진 러시아 아스트라한 출신의 미술가 표도르 이바노비치도 로마에서 고용되었다. 건축 전문가 빈센조 발레스트라와 세바스찬 이타르에다 모형 제작 기술자 두 명이 합류했다. 1800년 7월, 선발대가 아테네에 당도했을 때 그리스 주재 영국 영사인 스피라이든 로고테티가 맞아주었다.

로고테티 영사는 당시 콘스탄티노플에 주재하던 엘긴을 대리해 아테네에서 오스만제국을 상대하고 있었다. 오스만제국의 통치력이 약해져 가던 시기 그리스는 몰골이 흉하기 그지없었다. 오스만제국과 관련된 영국 외무부 문서에 따르면, 아테네는 "터키가 유럽에 세운 43번째 도시"라고 묘사된다. 아테네는 황실의 두 대리자인 '보이보드Voivode' 곧 총독과, '디스다르' 곧 아크로폴리스 주둔군의 통치자에게 재물의 원천처럼 다스려졌다. 유적지를 방문한 사람들에게 공물을 받아내는 것은 디스다르의 특권이었다. 예를 들어, 1785년 리처드 워슬리 경[13]은 "브로드클로스[14] 수 야드를 디스다르의 부인에게" 주고 허락을 얻었다고 기록했다. 엘긴 경이 고용한 화가들도 처음에는 매일 5기니[15]를 내야 파르테논에 접근할

---

12 칼미크족Kalmyk은 몽골 서부의 유목 민족.
13 Sir Richard Worsley(1751~1805). 영국 정치인이자 골동품 수집가.
14 broad-cloth. 촘촘하게 짠 광택 있는 직물.
15 guinea. 영국의 옛 화폐 단위. 21실링.

수 있었다.

아테네는 약 1,200가구로 이루어진 촌락이었으므로, 웅장한 고대 그리스와 로마 시대의 건축물들이 투르크군의 임시 주둔지로 사용되었다. 파르테논은 이슬람 모스크로 전용되었고, 에레크테이온은 화약고로 사용되었으며, 프로필라이아[16]의 기둥에는 편리하게 대포를 올려놓고 쏠 포좌가 놓였다. 테세이온[17]은 예배실로 쓰인 반면, 바람의 탑은 빙글빙글 돌며 춤을 추며 예배를 보는 데르비시[18] 교단의 예배의 중심이 되었다. 기독교인들도 무슬림만큼이나 유적지를 무심하게 대했다. 예컨대 리시크라테스 기념비[19]는 프랑스의 카푸치노 수도회의 창고로 쓰였다. 당시 아테네를 찾았던 사람들은 하나같이 펜텔리콘산 대리석 판을 마구잡이로 가져다가 새로운 건물들을 지었다고 기록했다.

1801년 4월 루시에리는 아크로폴리스 현장에 도착해 작업이 시작된 것을 확인하고 엘긴 경에게 상황이 꽤 임시적이나 "지금까지 성채citadel에서 이루어진 일은 모두 이곳을 관할하는 디스다르에게 보낸 선물들 덕분에 가능했습니다"라고 썼다. 루시에리의 글이 이어진다.

그런데 디스다르는 우리가 계속 요새에 들어올 수 있게 허가할지를 놓

---

16 Propylaia. 아크로폴리스로 들어가는 웅장한 관문 역할을 하던 건축물.
17 Theseion. 테세우스의 신전이라고 알려졌으나 사실은 헤파이스토스의 신전으로 밝혀졌다.
18 dervish. 이슬람 신비주의 종파의 하나.
19 Monument of Lysicrates. 최초로 외부에 코린트 양식의 기둥을 세운 건물이다. 1669년에 카푸치노 수도회가 이 건물을 구입했다.

| 대영박물관에 있는 에레크테이온 신전의 기둥 | 프로필라이아 기둥

고 카디[20]와 보이보드에게 위협을 받았다며, 향후로는 칙령firman 없이는 작업할 수 없다고 우리에게 통보해왔습니다. 그러하니 대사 각하께서 저희가 작업을 재개하고 순조롭게 이어갈 수 있도록 새로운 문제를 만들지 말아달라는 서신을 보내 주시기를 앙망합니다.

칙령, 곧 쉬블림포르트가 서명하는 공식 인허증을 받기 위해서 엘긴의 동료 헌트와 로고테티가 재청을 했다.

이쯤에서 다시 상기할 사실은, 엘긴 경의 최종 계획이 더 이상 모형을 제작하고 스케치를 하고 견본을 수집하는 데 머물지 않았다는 것이다. 이후 영국 하원에서 증언했듯이, 엘긴은 1801년 5월 어느 때인가 이 계획

---

20 Cadi. 이슬람의 법관.

| 프로필라이아

| 테세이온

| 리시크라테스 기념비 | 바람의 탑

을 전면적으로 변경한다.

스튜어트[21]가 처음 아테네를 방문한 때부터 제가 (1803년) 터키를 찾
을 때까지, 아테네는 엄청나게 파괴되었습니다. 일리소스 강에 있던 유구
한 신전 하나는 흔적도 없이 사라지고 말았습니다. … 방문객들은 가는
곳마다 조각이 파괴되고 있다고 전합니다. 우리가 런던에 있는 지금 이

<hr />

21   James Stewart(1713~1788). 고고학자이자 건축가, 미술가. 1748년 고대 유적을 연구하기 위
한 여행을 시작해 나폴리, 발칸, 그리스를 방문했고 이때를 드로잉해 책으로 출간했다.

시간에도 부서지고 있습니다. 투르크인들은 두상頭像을 집중적으로 훼손합니다. 직접 그들에게 들은 바로는, 조각상을 부수어서 모르타르 시멘트를 만들었다고 합니다. 그리하여 결국 저는 할 수 있는 한 많은 조각품을 가져가야겠다고 마음을 먹게 되었습니다. 원래 계획은 모형 외에 그 어떤 것도 갖고 나올 생각이 아니었습니다.〔필자 강조〕

그러나 엘긴이 제출한 증거는 이런 확고한 주장과 달리 모호한 구석이 많다. 엘긴의 요청으로 이탈리아어로 쓰인 칙령을 번역하니 "기록이 새겨진 오래된 조각이나 돌 일부를 채취하고자 한다면 이에 반대하지 않는다"라는 문구가 있다. 또 칙령의 마지막 부분에는 쉬블림포르트의 신하들에게 "비계[22]나 시행에 관여하지 않으며, 기록이 새겨진 돌과 조각 파편을 가져가는 걸 방해하지 말라"라고 명령한다.

나중에 더 살펴보겠지만, 이 칙령에는 법적으로 그리고 언어적으로 모순되는 내용이 제법 많다. 여기서는 그리스를 위협하던 세력들에 잠시 주목하는 것으로 충분하다. 엘긴 본인의 설명과 당시의 검증된 역사 기록을 살펴보면, 투르크인은 자신들이 관할하던 신전을 거의 혹은 전혀 돌보지 않았으며 심지어 깨뜨려서 박격포를 만들었다. 그렇다면, 이런 투르크인들이 어떤 도덕적 근거로 이방인에게 파르테논을 자유롭게 드나들고 처분할 권한을 주었던 것일까?

22　공사 현장에 높게 설치하는 임시 가설물.

여기에는 '현실 정치realpolitik' 곧 '불가항력force majeure' 곧 '국가적 견지raison d'état' 아니면 뭐라 부르든 그것이 작용했다. 엘긴은 이 방면에서 확실히 우위에 있었다. 투르크인들은 나일 강 전투에서 넬슨 제독이 거둔 승리에 깊은 인상을 받았고, 나폴레옹 보나파르트에 대항해 싸운 영국 동맹군에게 큰 빚을 졌다고 여긴다. 엘긴 본인은 이것을 다음과 같이 설명했다.

| 대영박물관에 소장된 이탈리아어 칙령

투르크와의 외교 관계가 개선된 만큼 나뿐 아니라 영국인 여행자 모두 접근하기가 수월해졌다. 1801년 여름 중반쯤에는 모든 불편함이 사라졌다. 이때부터 우리는 목적지에 접근할 수 있었는데 … 이집트에서 우리 영국군의 승리가 확정된 순간부터 접근 금지가 해제되었던 것일까? 그러했다. 앞서 밀어닥친 프랑스군을 우리 군이 장악하면서 투르크인의 감정 체계 전반에 변혁이 일었던 것이다.

그 뒤로도 오스만제국이 그리스를 계속 정복한 상황을 포함해 주변 상황이 이렇듯 유리하게 돌아가지 않았다면, 엘긴 경은 파르테논을 본뜬 모형과 에칭 판화 이상을 집으로 가져가겠다는 상상은 단연코 하지 못했을 것이다. 여기서 '집'은 단지 본국만을 의미하지 않았다. 엘긴은 1801년 7월 10일 루시에리에게 편지를 보냈다.

발레스트라가 스코틀랜드의 우리 집을 그린 스케치 몇 장과 여기에 짓게 될 집의 설계 평면도 여러 장을 갖고 왔습니다. 설계도와 관련해서는, 저의 첫 번째 계획에 반드시 필요한 것이 될 것입니다. 스코틀랜드 우리 집의 설계도를 당신도 유념했으면 합니다. 저는 실용적이면서 독특하고 주변 환경과 어울리는 건물을 기대하고 있습니다. 당신도 여러모로 조언해줄 수 있을 겁니다.

이 집의 홀은 기둥column으로 장식하기로 작정했습니다. 그 아래 지하 저장고cellar는 아치형 천장이 제격일 것입니다.

그렇다면 이 나라에서 흰 대리석을 기둥으로 작업해서 배편으로 스코틀랜드로 가져오는 게 낫겠습니까? 아니면 시간이 흐르면 여러 종류의 대리석이 확보될 터이니 (팔레르모 대성당[23]처럼) 기둥을 여러 종류의 대리석으로 만들고 이 대리석을 시칠리아에서 나는 마노와 희귀 대리석을 작업해서 보강하는 게 어떻겠습니까?

나는 나중의 계획에 마음이 더 갑니다. 기둥을 종류가 다른 대리석들

---

23 1185년부터 비잔티움 양식으로 짓기 시작하였으나 워낙 오랜 기간에 걸쳐 지어졌기 때문에 여러 건축 양식이 혼재한다. 대리석으로 만든 화려한 대성당의 벽은 바로크 양식이고 정면은 고딕 양식이다.

로 아름답게 장식한다면 진실로 근사한 건물이 되지 않을까 생각합니다. 어쩌면 기둥을 둘씩 짝을 지면 훨씬 멋지지 않을까 합니다.

어느 쪽이 되건 나로서는 되도록 많은 대리석을 수집할 수 있기를 바랍니다. 기둥 말고도 우리 집에 다른 용도로 쓸 계획도 세웠습니다. 게다가 아름다운 대리석 장식물은 똑같은 것을 만들기도 쉽습니다. 그리고 아름다운 데다가 또한 시류와 상관없기도 합니다.

이 생각은 물론 가공하지 않은 대리석에만 해당됩니다. 조각된 대리석의 가치나 그 역사적 의미에 대해서는 더 이상 설명하지 않아도 될 것입니다.

이 사적인 편지에서는 엘긴의 인색함과 짝을 이루는 탐욕이 모습을 드러낸다. 당신도 눈치챘겠지만, 엘긴은 순수예술과 문명이라는 명분을 전혀 언급하지 않는다. 이보다 덜 은밀한 서한에서 엘긴은 이 계획을 나중에 짠 것처럼 첨언했다. 에레크테이온 신전의 현관 카리아티드(여상주) 전부를 떼어내라는 엘긴의 지령에 대해 콘스탄티노플 교구장인 필립 헌트[24] 신부가 심각하게 문제를 제기했다. "대사 각하께서 이곳에 오셔야 아름다운 고대 예술품을 하나도 남김없이 전부 영국으로 실어갈 수 있는 군함이 구해질 듯합니다." 엘긴은 지체 없이 지중해령 총사령관인 키스 경에게 서신을 보낸다.

24 Philip Hunt(1772~1838).

저는 지금까지 아테네〔아직 방문한 적도 없는 도시〕에 말도 안 되게 많은 돈을 퍼부었고 이제야 믿을 수 없을 만큼 유리한 위치에 서게 되었습니다. … 경께서 제가 수집한 귀중한 건축물을 실어갈 수 있도록 보급선에 딸린 군함 한 척을 보내 아테네에 며칠 정박하게 해주신다면, 제게 최고의 은혜를 베푸시는 것인 동시에 영국 예술계에 지대한 공헌을 하게 되실 겁니다. 보나파르트가 이탈리아에서 빼앗은 물건 어느 것보다 진귀한 것들입니다〔필자 강조〕.

사령관님을 위해 기도하며.

엘긴 경의 사적 소유물을 위해서든 '영국 예술계'의 발전을 위해서든 뭐든 간에 키스 총사령관에게는 여분의 군함이 없었다. 이 편지에서는 이 두 개념이 뒤섞여 있었던 듯하다. 엘긴 경에게 누구도 야만스러운 투르크인들로부터 대리석 조각을 지켜달라고 요청하지 않았다. 아직 이것을 구해야겠다는 생각이 엘긴 경에게는 없었다. 하지만 우리 모두 알다시피 카리아티드가 세워져 있는 현관은 톱질을 피하지 못했다.

헌트 교구장은 세속적인 면에서 타의 추종을 불허하는 성직자였던 듯하다. 1801년 7월 8일에 해밀턴에게 보낸 편지에서 그는 자신이 맡고 있는 외교 임무에 대해 이렇게 적었다. "유리한 입장을 확보하려면 우리의 관점과 권력을 각인시키고 … 포르트 신하 중 반대하는 자들은 밀어내고, 충실한 지지자들은 격려하는 것입니다." 헌트 신부의 편지는 이어진다.

이런 유서 깊은 땅에서 고대의 유물을 조사하고 그리고 흥미롭고 옮길 수 있는 것들을 확보하려다 보면 자연스럽게 부차적인 물건들도 입수하게 됩니다. 그리고 저는 아테네 아크로폴리스에서 우리 예술가들이 방해받지 않고 확보할 수 있다는 칙령을 받게 될 것이니, 일이 제대로 진행되도록 주의 깊게 지켜볼 겁니다. 이처럼 **정치적이고 고전적인** 이 물건들을 얻고 나서, 로도스 섬에도 진출할 수 있기를 기대합니다. 실현 가능하리라 생각합니다[원문 강조].

그로부터 몇 주가 지난 1801년 7월 31일, 첫 번째 메토프가 파르테논에서 분리되었다. 그날 이후부터는 떼어낼 수 있는 물건인지 현실적인 측면이 가장 먼저 고려되었다. 9월 30일에 루시에리가 엘긴에게 쓴 편지를 살펴보자.

향후 미네르바 신전에서 발굴 작업을 지속하는 데 더 이상의 문제가 없기를 바랍니다. 그리고 제가 찾은 파편 모두를 가질 수 있을 겁니다. 저를 위해 헌트 신부께서 톱니 크기가 다른 대리석 톱 열두 자루를 최대한 빨리 아테네로 보내달라고 쓴 서신을 받으셨을 것입니다. [동편 프리즈 중앙에 있는] 거대한 저부조 조각 하나를 작업하는 데 길이 20피트짜리 톱 서너 개가 필요함을 아룁니다. 잘라서 무게를 줄이지 않으면 운송할 수 없기 때문입니다.

| 윌리엄스가 판화로 묘사한 미네르바 신전

엘긴은 톱을 보내주겠다고 약속했으나 루시에리는 마냥 기다릴 수 없었다. 10월 26일에 루시에리는 이렇게 기록했다.

> 수도회에서 가져온 외날 톱으로 일꾼들이 넵투누스 에렉테우스[에레크테이온] 신전의 코니스에서 진귀한 조각을 떼어냈고, 그 톱으로 파르테논의 프리즈에서 저부조 조각 하나를 잘라내는 중이다.

A. H. 스미스가 악의 없이 지적한 대로, "두께가 엄청나서 무게가 나가는 건축 조각은 뒷면을 잘라내는 방식으로…" 작업이 진행됐다.

아테네에서 이집트 알렉산드리아 항구까지 대리석과 메토프를 배편으로 옮길 때 호송하는 일을 헌트 신부가 어떻게 했는지 주목할 가치가 있어 보인다. 1802년 1월 8일 헌트 신부가 엘긴에게 편지에 쓴 대로, 바람이 순조롭지 않았다.

| 에레크테이온 신전의 코니스와 프리즈

그리하여 저희는 고대 도시 할리카르나소스 근처 아시아의 한 항구에 정박해야만 했습니다. 거기서 조각한 장식 띠와 명문銘文이 있는 봉헌 제단 하나를 내렸습니다. 이 황량하고 인적 드문 항구에서 20일을 머문 다음(그동안 저는 말라리아 따위로 내내 고통스러웠습니다), 저희는 고대 크니도스[25]가 있던 [크리요 곶]에 도착했습니다. 그곳에 역풍이 불어서 이오니아식 코니스와 코린트식 코니스, 프리즈 등 아름다운 조각을 배 밖으로 내려야 했고, 그 짐은 다시 돌아가서 가져와야 할 듯합니다.

'구조'나 '보존' 같은 단어들은 며칠 전 엘긴이 루시에리에게 보낸 편지를 포함해 어디에도 등장하지 않는다. 엘긴은 루시에리에게 조언했다.

25 에게 해에 접한 고대 그리스의 도시.

"올림피아[26]를 파보시오. 세상에서 가장 흥미롭고 신비한 작업일 겁니다. 아무도 손댄 적 없는 곳이 말입니다."

여기에는 투르크의 약탈 같은 변명도 써 있지 않다. 아테네에서 작업한 내용을 적은 같은 편지에서 엘긴은 명시했다.

저는 아크로폴리스에서 각종 건축 장식물 견본, 실물을 최대한 많이 확보하고 싶습니다. 그것이 코니스건, 프리즈건, 천장을 장식한 기둥머리capital건, 세로로 홈이 새겨진 기둥—서로 다른 건축 오더[27] 및 변형 오더의 견본—이건 메토프건 상관없습니다. 결국, 근면 성실하고 끈질기게 발굴하다 보면 조각품이나 메달과 희귀한 대리석 같은 것들을 찾을 수 있을 것입니다. 이번 발굴 작업이 어떻게든 성공할 수 있도록 밀어붙여야 합니다.

이토록 다급한 서신을 보낸 배경을 살펴볼 필요가 있다. 수집을 지시하

---

26 그리스 펠로폰네소스 서북부에 있는 제우스의 성지. 헤라 신전, 제우스 신전, 대제단, 스타디온 등이 남아 있다.

27 order. 고전 건축에서 기둥과 지붕을 기본 단위로 한 형식.

는 엘긴 경의 방대한 서신 속에서 한 번도 언급되지 않았지만, 그리스인들이 오스만 지배자들을 좋아하지 않는다는 것은 공공연한 비밀이었다. 1821년 반란이 일어나기 몇 년 전부터 웅성거리는 소리가 들리기 시작했다. 건축가 토머스 해리슨은 자신의 고용주 엘긴에게 보낸 편지에서 이 사실을 직설적으로 말했다. "우리와 포르트가 서로를 양해하고 있는 현재 기회를 놓쳐선 안 됩니다. 유럽이 요동치는 상황에서 그리스가 지금의 통치자 아래 얼마나 더 있게 될런지 알 수 없습니다 … 그리스는 처녀지 maiden Ground로 불리게 될 수도 있습니다."

해리슨이 무언가 대단한 것을 발견할 가능성이 있다고 생각했던 것은 알겠다. 그런데 이렇듯 유린당한 나라를 어째서 '처녀지'[28]라고 지칭했을까? 어쨌든 이 수집가들은 자신들에게 기회의 시간이 얼마 남지 않았음을 잘 알았던 것 같다. 엘긴은 루시에리에게 보낸 편지에서 엘레프시나[29]의 신전들에 관해 다음과 같이 썼다.

기념물들은 아직 누구의 손길도 닿지 않은 듯하고, 그 위치도 알려지지 않은 듯합니다. 톱 두 자루면 그 발견물을 수습할 수 있을 것입니다. 이미 메토프 하나가 땅에 뉘여 있고, 'XAIOI'와 비슷한 명문이 새겨진 횃불 조각 두 개가 있습니다. 좀 더 멀리 가면 거대한 트리글리프가 하나

---

28 흔히 '사람이 살거나 개간한 일이 없는 땅'을 가리킨다.
29 Elefsina. 아테네에서 북서쪽으로 20킬로미터 떨어진 곳에 있는 도시. 엘레시우스Eleusis라고도 부른다.

| 엘레프시나

있는데, 이것도 추가로 가져왔으면 합니다〔원문 강조〕.

이 시기에 엘긴뿐만 아니라 다른 누군가에게 고용된 사람들이 그리스의 코린트[30], 엘레프시나, 미케네[31] 등지에서 발견품을 닥치는 대로 '쓸어 담았다'. 오늘날의 그리스 정부는 파르테논 조각 말고는 어떤 것의 반환도 청구하지 않는다. 그렇다고 당시 다른 유적지의 약탈이 그리스를 위해서였다는 말도 들리지 않는다.

---

30 그리스 남부 펠로폰네소스 반도 북쪽에 있는 도시.
31 펠로폰네소스 반도 동북쪽에 있던 고대 도시.

1802년이 저물면서 톱질 소리는 날이 갈수록 잦아지고 집요해졌다. 루시에리는 엘긴에게 편지를 써서 동편 프리즈의 가운데 조각에 대해 또다시 이야기한다.

가느다란 톱이 없어서 톱질이 잘 되지 않는 바람에 중심 부분이 약해져서 운반하는 동안 두 쪽으로 갈라졌습니다. 충분히 조심했는데도 말입니다. 다행히 특별한 장식이 없는 가운데가 세로로 깨졌고, 그 덕분에 배에 재빨리 실을 수 있었습니다.

그리고 프로필라이아에서 나온 도리스양식 기둥머리에 대해 이렇게 언급한다.

파르테논에서 한 점을 더 가져갈 예정인데, 톱으로 두 조각을 내야 합니다. 프로필라이아 기둥도 상당히 큰 편이었지만, 이것은 어마어마하게 거대합니다. 커다란 성문을 통과하기 힘들 지경입니다. 기둥머리 세 개 가운데 하나는 초기 도리스양식이고 두 개는 코린트양식으로 시대가 다를 뿐만 아니라, 시기도 아주 이릅니다. 스타디움 근처 옛 교회 안에 있던 것으로 가게에 나와 있었습니다.

더 주목할 편지는 루시에리가 나중에(1802년 9월 16일) 엘긴에게 보낸 것이다. 마지막 단락에 루시에리는 다음과 같이 조언한다.

| 프로필라이아의 도리스양식 기둥

경께 디스다르의 '칙령'을 입수하시기를 조언 드리는 바입니다. 그것
만 있으면 디스다르가 경께서 어떤 일도 해도 승인해줄 겁니다. 경께서
아테네를 떠나기 전에 그와 약속하셨던 문서입니다.

이 '칙령'은 이미 이루어진 작업에 대한 허가였기 때문에 효력이 소급
되어야 했다. 루시에리와 엘긴은 자신들이 이미 1801년 칙령의 상반된
ambivalent 조항들을 넘어섰는지 의심하거나 알고 있었을까? 분명 디스다
르는 영국 친구들(엘긴은 루시에리에게 보낸 답장에 "그가 내 친구로 있는 한

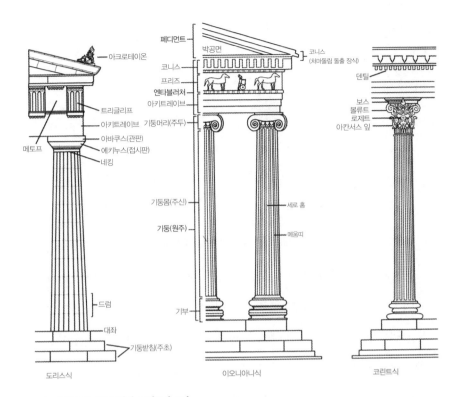

페디먼트
박공면
코니스
(처마돌림 돌출 장식)
코니스
프리즈
엔타블러처
아키트레이브
기둥머리(주두)

덴틸
보스
볼류트
로제트
아칸서스 잎

아크로테이온
트리글리프
아키트레이브
아바쿠스(관판)
에키누스(접시판)
네킹
메토프

기둥몸(주신)
세로 홈
기둥(원주)
메움띠

드럼
대좌
기둥받침(주초)
기부

도리스식
이오니아식
코린트식

| 도리스식, 이오니아식, 코린트식 오더

그에게 확실한 우정의 징표를 보낼 것입니다"라고 썼다)로부터 갖가지 선물을 받았고, 보호 장치가 추가되어야 한다고 느꼈던 것 같다. 사실, 소급해서 *ex post facto* 정당화하는 관행은 엘긴-루시에리 원정대에게 너무나 당연해지고 있었다. 예를 들어, 엘긴이 하원의 특별위원회에 제출한《비망록》에는 '한 투르크 노인의 집'을 충격적으로 묘사하는 내용이 있다. 엘긴에 따르면, 문제의 투르크 노인은 '웃으면서' 아크로폴리스의 대리석 조각들로 모르타르 시멘트를 만들었다고 털어놓았다. 《비망록》에 적힌 문구를 그

대로 옮겨본다.

엘긴 경은 나중에야 증언을 통해 이 조각상들이 가루로 만들어졌다는 것을 알게 되었다. 그제야 비로소 경은 비슷한 운명에 처해질 수 있는 것들을 구조하기로 결심했다.

'투르크 노인'의 이야기는 1802년 5월에 일어난 일로 적혀 있다(우리는 이 이야기에 대해 의심할 근거가 없다). 그러나 파르테논에서 패널이 처음 떨어져 나온 것은 1801년 7월로, 엘긴이 아테네를 방문하기 훨씬 전이었다. 10여 년 뒤에 런던에서 구성된 특별위원회는 이와 같이 모순된 사실에 주목할 수 있을 만큼 예리하고 사정에 정통해야 했다. 스미스는 그 사실을 대놓고 지적하지 않지만 서사에서 그런 뉘앙스가 감지된다.

엘긴은 원정이 막바지로 접어들 즈음 아크로폴리스에서 최고의 작품을 엄청나게 그러모았다. 엘긴이 어떤 동기에서 그렇게 했든 그의 노력 덕분에 건축물과 조각이 개선되었다고 말하는 사람들은 스스로에게 물어보라. 그가 발견했을 당시보다 그 건축물과 조각의 상태가 나아졌는지를. 건축물의 측면에서, 엔타블러처를 마구잡이로 잘라냈으니 답은 '아니다'가 되어야 할 것이다. 조각의 측면에서는, 엘긴이 태어나지 않았더라면 또는 부패하고 쇠락해가는 제국의 궁정 대사로 임명되지 않았더라면, 그것들이 훨씬 더 많이 뜯겨 나갔을 수도 있었다고 강변할 수 있다. 하지만 역사에 가정은 없다. 멘토르호의 운명을 생각해보라.

멘토르호는 에글렌 선장이 통솔하던 작은 브리그[32]였다. 엘긴 경이 매입한 이 범선은 1802년 1월 5일 수많은 주형과 조각품이 든 상자들을 싣고 아테네의 외항 피레우스를 떠났다. 파르테논에서 나온 대리석 토르소 세 점, 프리즈 조각 한 점, 대리석 옥좌 하나가 실려 있었다. 배에 더 많은 물건을 싣기 위해 알렉산드리아와 키프로스를 항해하던 중 멘토르호는 키테론 인근의 깊은 바다로 침몰했다. 상자 네 개에 나눠 담긴 프리즈 조각 '날개가 없는 승리의 여신상'은 한 달이 안 되어 인양되었지만, 나머지 조각들은 끌어올리지 못했다. 엘긴은 해밀턴의 하인인 피터 가발로를 키테론에 보내 영국 영사와 협상하게 했다. 그리고 임마누엘 칼루치 영사에게 서신을 전달하게 했다. 서신에서 엘긴은 바다 밑바닥에 가라앉은 대리석에 대해 이렇게 썼다. "그 상자들에는 큰 가치가 없는 돌들이 들었지만, 저에게는 그 돌들을 되찾는 것이 매우 중요합니다."

이 상자들이 살아남지 못했고 또한 지역 어부들의 엄청난 노동력이 아니었다면, 엘긴의 이름은 보물을 취득한 사람보다는 보물을 분실한 사람으로 기억되었을 것이다. 그리고 "가치 없는 돌"이라는 그의 설명도 영국의 또 다른 실패 사례로 내려왔을 것이다.

* * *

---

32 brig. 두 개의 돛대를 단 범선.

| 동편 페디먼트

1803년 2월의 어느 날(정확한 날짜는 확인할 수 없다) 브라켈호가 아테네를 떠나 출항했다. 이 선상에 대해서는 A. H. 스미스의 글을 그대로 옮긴다.

동편 페디먼트의 주요 조각상, 즉 테세우스, 데메테르, 코레[33], 이리스, 운명의 여신 하나, 운명의 여신 한 쌍. 서편 페디먼트에서 떼어낸 헤르메스와 일리소스. 또한 메토프 두 개, 파르테논 프리즈 열일곱 상자, 명문 열일곱 개, 트라실로스 기념비에서 나온 디오니소스, 이집트 조각 일곱

---

33 Kore. 그리스어로 '소녀'를 뜻하는 말로, 처녀 입상을 가리킨다.

점, 에레크테이온의 코니스와 아키트레이브[34] 일부, 테세이온 신전의 소피트[35], 멘토르호에서 구해낸 첫 번째 물건인 아테나 니케 신전[36] 프리즈에서 떼어낸 판석 네 장, 미케네에서 떼어낸 것으로 추정되는 파편 두 점, 파이드로스의 해시계, 그리고 소소한 조각 여러 점이 함께 실려 있었다.

서편 페디먼트에서 떼어낸 헤르메스

집으로 돌아가는 길에 엘긴 경은 운 나쁘게도 프랑스 당국에 억류되어 부아이에 프랑스 장군과 맞바꿀 포로가 되었다. 1806년 탈레랑이 가석방해줄 때까지 포[37]에 잡혀 있었다. 이런 상황에도 루시에리는 마치 주인에게 계속 명령을 하달받고 있는 듯 처신했다. 언젠가 엘긴이 지나가듯 명했던 '모든 일'을 처리했다. 그것도 아주 잘해냈다. 새로 부임한 영국 대사 윌리엄 드러먼드 경 아래서 에

---

34 Architrave. 고전 건축에서 열주에 받친 상태로 그 위의 프리즈와 코니스를 얹는 수평 대들보를 말한다.

35 soffit. 서양 건축에서 장식적인 돌출부의 아랫면.

36 '날개 없는 니케'란 뜻의 니케 아프테로스로도 불린다.

37 프랑스 남서부에 있는 작은 도시.

레크테이온의 카리아티드 한 점과 동편 포르티코[38]에서 나온 기둥, 셀 수 없이 많은 부조 조각, 화병, 파편을 운송했다. 대형 프리즈 조각은 남겨둬야 했는데, 루시에리는 그때 맞닥뜨린 어려움을 편지에 자세히 썼다. 루시에리는 답장을 받든 못 받든 충심에서 편지를 계속 썼다. 우선 첫째로, 새로운 '칙령'이 긴급히 필요했다. 또 다음으로는, 유력한 투르크 장교에게 '시계와 황금 스너프 박스[39]'를 주기로 약속했는데 아직 도착하지 않았던 것이다. 루시에리는 퀴닌[40]이 필요해 재차 요청했다. 그는 또한 귀찮아하는 기색이 역력한 로고테티 영사에게서 벗어나 안도감을 찾고 싶었다.

그는 평판이 안 좋고 품행이 정말 좋지 않은 자녀들, 특히 못난이 니콜라치〔그의 아들〕때문에 최소한의 말발도 서지 않습니다. 몇몇 영국인이 그를 부영사직에서 끌어내리려 하니 조만간 물러나게 될 겁니다. 각하의 일은 제 소관에 두는 게 훨씬 더 낫기 때문에 이후로는 그리스인과 아무것도 함께하지 않을 작정입니다. 제게는 그들이 필요 없습니다. 투르크어를 배워 그리스인 없이 직접 이야기해볼 작정입니다.

이때부터 루시에리와 엘긴 경 사이에 오고간 편지에서 넋두리가 늘어

---

38 portico. 건물 입구 기둥을 받치는 현관 지붕.
39 snuff-box. 가루담배를 넣는 통.
40 quinine. 당시 말라리아 특효약.

간다. 여기서는 '칙령'에 대해, 저기서는 뇌물에 대해 지루하게 늘어놓는다. 그리고 운송 및 통신에 관한 끝이 보이지 않는 어려움, 그리스인들의 음흉함에 대한 끝없는 나열이 이어진다. 또한 엘긴 경이 아테네 사람들에게 선물한 마을 시계에 관련된 번거로운 문제도 털어놓는다. 시계가 놓일 장소에서 시계를 설치할 탑의 비용을 누가 지불해야 하는지로 인해 크고 작은 다툼이 있었다고 알린다. 루시에리는 엘긴 경이 결국 영국 정부에 파르테논 조각을 매각했다는 사실을 안 뒤에도 대리석 화병과 조각 파편을 계속 보냈다. 이런 작은 미술품은 브룸홀에 있는 엘긴의 집을 꾸미는 데 쓰였다. 하지만 엘긴은 이 헌신적인 친구이자 대리인이 점점 성가셔졌다. 1819년 1월 엘긴은 루시에리에게 편지를 쓴다.

할 수만 있다면, 당신의 재능을 가치 있는 일에 계속 쓰고 싶은 마음이 그득합니다. 하지만 이 수집품 때문에 겪은 부당한 대우, 내게 닥친 수많은 불행들, 그리고 많은 가족들 때문에 축소된 재산으로 인해, 유감스럽지만 나는 이에 굴복하고 비용을 발생시키는 모든 일을 중단할 수밖에 없습니다.

가엾은 루시에리. 그의 드로잉 실력은 점점 퇴화되고 있었다. 루시에리는 완성된 그림 두 점밖에 건넬 수 없었다. 해밀턴은 루시에리의 편지를 엘긴 경에게 전달하면서 냉혹한 메모를 첨부했다.

| 루시에리가 완성하고 살아남은 그림 두 점. 위는 파르테논 신전의 동쪽 면을 그린 것이고, 아래는 북서쪽에서 바라본 파르테논 신전을 그린 것이다.

루시에리가 보내온 꾸러미를 동봉하니, 아주 기분 좋은 날에 읽으셔야 할 것입니다. 그자는 하는 짓이 '유대인처럼' 극악하기 짝이 없습니다.… 자신의 나태함에 대해 끔찍한 변명이나 하고, 해놓은 것도 없으면서 말입니다. 어쨌든 지난 4, 5년간 완수된 일이 하나도 없습니다[원문 강조].

엘긴은 해밀턴에게 답장을 썼는데, 더 이상 쓸모가 없다고 주장하면서 루시에리에 대한 자신의 처리를 정당화했다. "그가 조각품 수집과 대규모 발굴 작업에서 손을 놓지 않는 통에 추가 요금이 늘었다네. 루시에리 자신을 위해서 그리고 투르크 당국의 면을 세우기 위해서였지. 그런데 지난 몇 년간 이런 경우는 중단되었다네."

1821년 2월 19일 루시에리는 다시 한 번 "자금도 고갈되고 기별도 없다며" 넋두리하는 편지를 썼다. 루시에리가 엘긴 경의 이름을 앞세워 투르크 당국을 매수하고 '조금 야만적으로' 처신하던 호기로운 시절과는 거리가 멀었다. 이것이 루시에리의 마지막 편지였다. 1821년 3월 1일 루시에리는 죽었다. 몇 주 더 살았더라면 그리스가 오스만제국의 지배에 저항하며 일으킨 혁명을 목격했을 것이다. 그러나 "이제 그리스 사람들과 아무것도 함께하지 않겠다"라는 그의 맹세는 지켜졌다.

루시에리가 20년간 작업한 결과물, 즉 드로잉 화첩은 1828년 1월 31일 크레타를 떠난 캄브리안호가 침몰하면서 물속으로 함께 사라졌다.

두 번째 취득, 엘긴이 파르테논을 팔아먹다

엘긴이 1819년 루시에리에게 해고를 통고하기 위해 보낸 편지에서는 자기 연민이 느껴진다. 그러나 엘긴이 언급한 '부당한 대우'라느니 '불행들'이니 하는 것들은 완전히 상상만은 아니었다. 카를 마이어는 그의 놀라운 책 《약탈된 과거》에서 엘긴 경이 콘스탄티노플 대사직 임명을 기다리다가 "재산과 명성, 아내, 코 하반부"를 잃었다고 썼다. 엘긴은 투르크에서 걸린 피부 질환에서 질병이 퍼지는 바람에 내내 고통받았다. 그래서 매독에 걸렸다는 근거 없고 냉혹한 농담에 계속 시달려야 했다. 그는 나폴레옹이 다스린 프랑스의 포로 신분에서 벗어나기까지 3년을 버텼는데, 외교관으로서의 장래를 결딴낸, 텔레랑은 고작 제한적 가석방을 처분했을 뿐이다. 생기발랄한 아내 메리Mary는 엘긴의 부재를 틈타 스코틀랜드에서 이웃에 살던 딴 남자 로버트 퍼거슨과 공개적으로 동거를 했다. 고통스러운 이혼 절차가 기다리고 있었다.

그러나 엘긴 경의 입장에서 가장 잔인한 상처는 자신이 취득한 조각에 대한 기대에 못 미친 반응이었다. 그가 프랑스에 포로로 잡혀 있는 동안에도 조각상은 런던으로 계속해서 들어왔다. 풀려난 엘긴은 파크 레인의 임시 거처 근처에 가건물을 짓고 전시를 준비했다. 리처드 페인 나이트[41]는 곧바로 진품이 아니라고 의혹을 제기했다. 페인은 고대 그리스·로마

---

[41]   Richard Payne Knight(1750~1824). 고전연구가이자 감식가, 고고학자, 화폐연구가.

연구가 사이에서 고집 센 멍청이로 통했다. 그는 엘긴에게 "경께서 헛수고하신 겁니다. 경의 대리석 조각은 과대평가되었습니다. 그리스 것이 아닙니다. 로마의 하드리아누스 황제[42] 시대 것입니다." 페인 나이트는 죽을 때까지 이 터무니없는 주장을 반복했다. 이 부조리한 상황에 엘긴의 고민은 깊어질 수밖에 없었다. 출처를 의심받으면 대리석 조각 판매를 기대할 수 없기 때문이다. 당시에는 고대 그리스에 관한 전문 지식이 비교적 풍부하지 못했다.

이 대리석 조각들은 1807년부터 파크 레인에서 제한된 대중에 공개되었다(벤저민 로버트 헤이든은 이걸 보고 황홀감에 빠졌다). 1809년에 공개 전시가 끝나자 비공식 큐레이터로 활동해온 해밀턴이 집을 파는 문제에 대해 엘긴에게 편지를 써 보냈다.

이 대리석 조각들을 어쩌하실 계획입니까? 제가 누누이 말씀드렸지만, 정부가 이것들을 구입할지의 여부와 그 시기를 제가 알 수 있도록 신청서를 만들어주십시오. 자기 입맛대로 갖는 편견은 이제는 그리 보편적이지 못할 게 분명합니다. 저는 정부가 후하게 쳐줄 것이라 믿어 의심치 않습니다. 그리고 집은 훨씬 후하게 팔릴 것이 분명합니다. 그것들이 얼마 안 있어 옮겨질 것이라는 사실을 안다면, 그럼 이번 회기에 결정하지 못할 경우 앞으로 어떤 형태의 합의도 없을 거라는 걸 안다면, 정부와 비

---

42 Hadrianus. 재위 117~138년.

밀 합의 정도는 할 수 있을 겁니다.

엘긴은 조각품을 보유할 생각과 팔아버릴 생각 사이에서 갈팡질팡했다. 1809년 여름에는 유명 여배우 시든스 부인 같은 특별한 손님 몇을 초대했다. 그녀의 방문에 대해 토머스 로런스가 호들갑스럽게 표현한 바 있다. "시든스 부인이 그저 페이디아스의 걸작들에 딸려 있는 존재로 보였다. 또 그녀의 칭찬보다 더 고결한 찬사는 없을 것이다." 그녀와 그는 비슷한 또래인데, 그가 우리 시대에 살았을지라도 동류의 천재였을 것이다. 이 에피소드는 2년 뒤 엘긴이 작성한 《비망록》에 다시 등장한다. 운명의 여신상 앞에서 "시든스 부인의 감정이 매우 굳건해지고 동요하면서, 마치 연극 공연에서처럼 그녀의 눈에서 눈물방울이 떨어졌다." 어쨌든 감정에 드는 비용은 해를 입을 일이 없다.

1809년 가을, 엘긴은 파크 레인이 팔릴 것 같지 않아 영구적으로 개인 박물관으로 전환해 입장료를 받고 대중에 공개할 생각을 품었다. A. H. 스미스가 기록하듯, 이 계획에 대한 전문가들의 조언은 실망스러웠다.

건축적으로는 1,500에서 2,000파운드의 비용이면 실현 가능할 것이다. 그러나 임대 기간이 끝나면 복원 비용이 들 것이다. 그 집의 나머지는 재산 가치가 많이 떨어질 테고, 유지비를 충당할 만큼 입장료가 걷힐 개연성은 없다. 따라서 대리석 조각상은 정부 소유로 넘어가는 게 더 낫다.

브룸홀의 스코틀랜드 저택을 페이디아스의 프리즈로 꾸미려던 엘긴의 당초 계획은 좌초됐다. 게다가 파크 레인에 그것들을 보유하겠다는 것도 환상에 불과하다는 게 입증되었다. 엘긴은 증여하는 것으로 생각이 바뀌었다. 순전히 금전적 동기만이 아니라 심미적 동기도 분명 작용했다.

1810년 초 대영박물관의 도서관장[43] 조지프 플란타는 해밀턴을 보내 엘긴 경에게 대리석을 어떻게 할 작정인지 물었다. 이 문제를 상의하러 엘긴이 7월에 찾아갔다. 이 회동의 결과는 7월 21일에 플란타가 쓴 편지에 나와 있다. 그는 즉각 조치를 취하라고 충고했다.

경께서 말한 구체적인 제안의 필요성은 생략해도 될 것이 아니라 믿습니다. 저 또한 진지하게 이 단계에서 되도록 빨리 벗어날 수 있기를 바라면서 열정을 다해 스스로를 재촉하고 있습니다. 11월에 저희 신탁 관리인들과 만날 때까지 아무것도 결정할 수 없습니다. 그러나 모두가 심사숙고해서 행복한 결론을 내릴 수 있도록, 개별적으로 미리 대책을 강구할 수도 있겠습니다.

플란타는 또 의장인 찰스 애벗(후에 콜체스터 경이 된다) 같은 박물관의 신탁 관리인들, 그리고 엘긴의 막역한 친구 램지 장군에게까지 부지런히

43　대영 박물관은 초기에는 도서 컬렉션이 많은 부분을 차지했기에, 수장의 명칭을 '도서관장 Principal Librarian'이라고 했다.

편지를 보냈다. 이 편지들의 골자는 엘긴이 조각들의 대가를 얼마나 받을지 명백하게 진술해서 절차를 밟아가야 한다는 것이었다.

따라서 엘긴은 자신의 취득물 목록을 작성해 1811년 5월 재무부 국고국장인 찰스 롱(후에 판버러 경이 된다)을 공식적으로 접촉했다. 이로써 지출 비용 서류가 준비되었고 엘긴 경이 수집품을 모으는 데 대사라는 지위를 이용하지 않았음을 공식적으로 부인하는 내용이 첨가되었다. 엘긴은 총 비용이 최소 6만 2,440파운드에 달했다고 말했다.

당시의 수상 스펜서 퍼시벌은 3만 파운드가 적당하다고 의회에 제안하는 쪽으로 기울었다. 엘긴에게 이것은 상당한 모욕으로 느껴졌다. 그는 1811년 7월 31일 애처로운 어조로 퍼시벌 수상에게 편지를 썼다.

> 마치 제가 포르트로부터 아무 대가 없이 이 대리석 조각상을 선물받았다는 식의 이야기가 들렸습니다. 1806년에 지원받은 1만 파운드는 어떤 점에서는 제 수집품에 대한 비용이었습니다. 그리고 대사 시절 저는 다른 유럽의 궁중에서라면 관례를 넘어설 선물을 받아서 이집트 재건 작전에 관여한 여러 사람들과 균형이 맞지 않았습니다.

바로 여기서 A. H. 스미스의 서술 가운데 유일하지만 심각한 오류가 드러난다. 엘긴이 퍼시벌 수상에게 보낸 편지에서 다음 구절을 누락한 것이다. 이 구절은 위에 인용된 문장 바로 뒤이다.

저는 다른 영국 여행객들에게 똑같이 발급되는 칙령 말고는 투르크 정부로부터 어떤 특혜도 받지 않았습니다. 저의 후임 대사들도 저와 마찬가지로 '제거' 허가를 받을 수 없었습니다.

그리고 공식적으로 제게 유리하도록 지원하라고 지시받은 어데어 씨는 "엘긴에게 대리석 조각상을 판 사람들에게는 그렇게 할 권리가 없다고 포르트가 인정했다"라는 사실을 이해했습니다〔필자 강조〕.

바로 이것, 수상에게 서명해 보낸 편지에서 엘긴 경은 당국의 허가 없이 대리석 조각상들을 취득했다는 사실을 시인하고 있다. 물론 나중에는 칙령을 받았다고 주장했지만. 그는 오스만 지배자와 친밀했던 건 과거라며 한 가지 혐의에 대해 스스로를 방어하려다가 그만 제 입으로 딴 것을 털어놓고 말았다. 그건 그렇다 쳐도 그 바람에 엘긴의 처사가 당시의 법이 허용한 범위 안에서 이루어졌다는 영국 정부의 주장이 무너졌다. 이것은 중요한 증거의 하나이므로 분명히 편지 원본을 읽었을 A. H. 스미스가 이것을 도외시할 권리는 없다. 내가 유일하게 찾은 생략된 설명이지만, 이것은 치명타였다.

엘긴은 기분이 상했지만 계속해서 다른 주장에 맞서 나갔다.

저는 아무도 예로 들지 않은 것에 한마디 덧붙였을 뿐입니다. 해외 근무 전부를 통틀어 제가 한 번이라도 빚, 손해, 또는 이유가 다른 무엇이었든 영국 정부로부터 추가 비용을 받았던지, 경력을 쌓아오는 동안 책정된

연금 전액을 받았던지, 비슷한 위치의 동료들과 마찬가지로 근속 연한에 따라 보직이 지원되었던지요. 런던의 집을 처분하고도 빚이 적어도 자그마치 9만 파운드 넘게 남습니다.

대리석 조각상은 잠시 파크 레인에서 벌링턴 하우스로 옮겨졌고, 선적이 계속되면서 그 양도 늘었다. 그동안 엘긴의 편지는 오래 끌어온 흥정을 이어가는 듯한 어조와 형태를 취했는데, 그는 흥정이 상스럽다고 느꼈지만 동시에 필요하다고도 느꼈다. 엘긴이 비용이 더 많이 들었다고 주장하는 사이 해밀턴은 4만 파운드를 제안한다고 썼다. 1812년 5월 11일 스펜서 퍼시벌 수상이 암살당하고, 협상은 중단된 채 시간이 흘렀다.

1814년이 저물 무렵 엔니오 퀴리노 비스콘티라는 지원군이 등장한다. 로마에서 태어난 그는 교황청 유물 감독의 아들로 카피톨리니 미술관 책임자로 떠올랐다. 보나파르트가 로마의 보물 대부분을 파리로 강제로 이송할 때 비스콘티도 따라갔고, 큐레이터로서 그리스 로마 도상학 연구로 명성을 얻었다. 엘긴이 그를 런던으로 초대했다고 해밀턴은 전한다.

제 목적은 유럽 최고의 감정가(바티칸 박물관의 수호자였고, 보나파르트 이후 수호자인)에게 제 수집품에 대한 감정을 듣고 복원하기 까다로운 부분이 어디인지, 어떻게 유용하게 분배할지 등에 관해 조언을 듣는 것이었습니다. 당신은 제 수집품을 어떻게 대중에 전할지 생각해내야 하고, 대중이 수집품 가치가 높다는 인상을 받을 수 있도록 앞장서야 하며,

보나파르트의 수집품과 연관된 조합을 잘 아는 권위자로서 이것들 전부를 심사숙고해야 한다고 저는 강력하게 느낍니다.

120파운드를 받고 런던을 방문한 비스콘티는 조각들을 살펴본 뒤 《보고서》의 일부가 될, 조각이 뛰어나다는 견해를 표현했다. 그러나 이것이 엘긴이 기대한 충격의 전부일 수는 없었다. 대영박물관 이사 애버딘 경이 자신의 생각을 밝혔다. "비스콘티가 현존하는 최고의 골동품 연구가임은 의심할 여지가 없으며, 독자적이고 편견이 없는 그의 판단은 어쨌든 엄청난 무게를 지닌다. 그러나 그가 10파운드만 쥐어주면 무엇이든 써준다는 것도 그만큼 잘 알려져 있다."

벌링턴 하우스가 조지 캐번디시 경에게 팔리면서 조각상을 보관할 새 집을 구하는 문제가 더 긴급해졌고, 흥정도 속도가 붙었다. 나폴레옹이 엘바 섬을 탈출하자 영국군이 워털루에서의 작전에 대비해 병력을 집합시키면서, 정부는 구입을 늦춰 돈을 아낄 구실을 더 만들었다. 재무장관 니콜라스 밴시타트는 정부와 거래하려면 엘긴이 먼저 확실한 가격을 제안해야 한다는 입장을 분명히 했다. 당국은 여전히 3만 파운드를 고집하는 듯했다.

해밀턴은 중재자로서 신탁 관리와 소유권 이전에 관한 조건을 만들어 대영박물관의 플란타 도서관장에게 편지를 썼지만, 실제 거래 가격을 정해야 하는 순간에 갑자기 두 손을 들었다. 이 단계에 A. H. 스미스는 "거래 조건의 하나로 영국의 귀족 작위라는 민감한 문제"가 부상했다고 썼다. 엘긴 경이 크게 실망한 것만 빼면 그것은 아무 효과가 없었다. 그는 한낱 스코틀랜드 귀족에 머물길 바라지 않았고, 그의 아들이 영국의 엘긴 남작 지위를 부여받은 것은 1849년이었다. 그의 아들은 1860년 중국 베이징의 이화원顾和园을 파괴하도록 지시한 인물로 잘 알려져 있다.

플란타의 권고로 대영박물관은 위원회를 조직해 캔터베리 대주교에게 의장을 맡기고 '엘긴의 수집품 구매에 관한' 정부와의 회의를 소집했다. 위원회에는 파르테논 강도인 애버딘 경, 찰스 롱, 엘긴의 오랜 숙적인 리처드 페인 나이트가 포함되었다. 롱은 3만 5,000파운드가 실현 가능한 상한선이라 생각한 반면, 페인 나이트는 2만 파운드도 많다고 보는 쪽이었다.

엘긴은 여전히 더 높은 액수를 원했고, 웰링턴과 블뤼허의 군대가 각각 카트르브라와 리니에 집결한 바로 그 순간에, 1815년 6월 8일 재무장관에게 쓴 편지에 이자를 더해 7만 3,600파운드를 제시했다.(해밀턴은 항상 "직접 들어간 비용과 사고 대비 비용을 포함해 어림잡아 후한 금액"을 주장하라고 충고했다.) 재무부 장관은 모든 문제를 하원에 돌려 표결에 부쳤고, 그 결과 1815년 7월 15일 의회 청원이 이루어졌다.

곧바로 논란이 일었다. 대부분은 원칙보다는 적절성의 문제로 국한되었다. 다시 말해, 몇몇은 그리스인들이 이 문제에 대해 어떤 입장을 가졌는지 생각한 반면, 엘긴이 대사 직위를 넘어서는 일을 했다고 느끼는 사람들이 있었다. 존 뉴포트 경이 후자 그룹의 선봉에 섰다. 그는 엘긴 경이 "귀족 신분이라서 조치를 취할 수 없는 게 유감입니다. 그는 최악의 약탈 행위를 저지른, 투르크와 이방인이 계속 신성시해온 것들을 약탈한 이 나라의 대사였던 것 같습니다"라고 인정했다. 의장이 청원서를 낭독했다. "엘긴 경이 청원서를 제출했습니다. 수집품은 칭찬받아 마땅한 수준입니다. 엘긴 경의 행동과 개인 재산으로 더 많이 수집할 권리가 있는지 심문할 것입니다. 청원이 상정되었습니다."

엘긴은 일주일도 안 되어 수상에게 다시 조금 난처한 방식을 언급한 편지를 보냈다. 하원이 너무 높게 가격을 책정하여 국가의 동정심을 잃었으므로, "저는 주저 없이 수상께서 저를 대신하여 다음 사항을 말해주셨으면 합니다. 액수(저는 매우 못 미친다고 확신합니다)가 실제 가치보다 낮다고 판단한 최고의 예술가와 능숙한 감정사의 증언에 의거하여 위원회 자체가 기록하기에 합당하다고 추정되는 5만 파운드를 받을 수밖에 없는 사정에 제가 동의한다는 것입니다".

깔끔하게 표현하지는 않았지만, 협상에 A. H. 스미스의 표현대로 "이상한 조항"이 첨부되었다. 수집품이 원하는 평가를 받게 되면, "가까운 시일 내에, 그리고 대중의 압력이 잦아들었을 때 저와 제 상속자들에게 양도했을 수도 있을 실제 가치를 참고하여 의회는 관용을 베풀어 이 주제를 깊이 심사숙고할 것"이라는 내용이다. 1815년 6월 22일 밴시타트 장관은 재무부가 이 제안을 정중히 거절한다고 썼다. 6월 25일에는 한때 '장사꾼의 나라'로 일컬어지던 영국이 워털루 전투에서 결정적으로 완파되었다는 소식이 들렸다.

한 달이 안 되어 해밀턴은 '업무와 소진'을 위해 겸사겸사 파리를 찾았다. 파리의 영국 전권대사 캐슬레이 경이 준비한 만찬에서 엘긴은 프랑스에 억류돼 있던 동안 치안장관으로 있던 푸셰를 소개받았다. 이 만남은 이 여행에서 '소진'이었을지도 모른다. 업무적인 내용은 리버풀 경이 8월 3일 캐슬레이에게 보낸 편지에 서술되어 있다.

해밀턴이 오늘 자 급전을 가지고 런던을 떠난 전령을 데려갈 것입니다. 그가 이 나라에서 일고 있는 조각상과 그림 약탈에 관한 엄청난 돌풍을 설명할 것입니다. 섭정 왕자가 그 일부를 이곳 박물관과 갤러리에 걸고 싶어 합니다. 풍류가와 미술 애호가 들이 이를 부추기고 있습니다. 세상에서 이성적인 사람들은 원래 소유자에게 전부 반환해야 한다고 합니다. 그러나 그들도 솔직한 심정으로는 정당한 전쟁을 통해 얻을 수만 있다면 프랑스보다는 우리가 소유권을 갖는 게 더 낫다고 말합니다. 또한 프랑스의 승전 전리품을 파리에 남겨두는 정책이 프랑스의 수도가 장차 예술 중심지가 되도록 만들 것이라며 비난하고 있습니다.〔필자 강조〕

편지가 전달되고 5주 뒤, 캐슬레이는 프로이센이 독일에서 훔친 예술품들을 이미 점유해 본국으로 송환했으며, 벨기에도 같은 수순을 밟고 있다고 썼다.

특별히 교황은 저명한 예술가 카노바[44]와 친밀한 해밀턴 씨를 이곳으로 보냈습니다. 로마에서 가져간 것들을 반환하라고 국왕에게 쓴 편지도 함께요. 교황은 가능하다면 교구의 소유물인 '걸작 *chefs d'oeuvres*' 가운데 어떤 것도, 교황으로서 팔 수도 없고 팔지도 않을 것이라고 분명히 알려왔습니다.

교황의 재산은 적절한 절차에 따라 루브르 박물관을 떠나 교황에게 돌아갔다. 나는 이 사건에 관해 리버풀과 캐슬레이가 쓴 문장을 강조하지 않을 수 없다. 그리고 해밀턴의 역할에 대해서도 지적하지 않을 수 없다.

엘긴 경의 대리인으로서 조각상 처분을 맡고 있던 그때(해밀턴은 파리에서 우연히 찰스 롱을 만났는데, 그가 여전히 최고가 3만 6,000파운드[45]를 고집함을 확인했다), 해밀턴은 절반의 유럽에서 약탈한 것들을 돌려보내는 일을 하느라 바빴다. 그는 자신 안에 내재된 위선을 전혀 눈치채지 못한 듯, 1815년 11월 중순 엘긴 경에게 이렇게 전했다. "이런 작품은 성스러운 재산으로 여겨야 합니다. 직접적이지 않거나 간접적인 수단을 쓰면 그것들이 원래 있던 곳이 아니라 어딘가 다른 곳으로 전달될 수 있다는 걸 감안해야 합니다." 해밀턴은 자신이 적은 대로, 단지 이 맥락 때문에 대리석을 언급했다. "지난 6주간 제가 한 일이 틀림없이 경의 수집품 가치를 높이는 데 이바지했다는 것에 저는 우쭐해 있습니다. 그러니 일부 감정사들이 완고함을 누그러뜨리기를 바랍니다."

---

44 Canova(1757~1822). 이탈리아 조각가. 신고전주의 조각가로서 고대 조각을 연구하고 모방했다.

45 앞에서 3만 5000파운드라 했는데 저자의 실수인지 그간 상황이 변한 것인지 알 수 없다.

물론 당시 그리스 사람들은 6년간 혁명 때문에 멀어져 있었고 도와줄 강력한 우방도 없었다. 보수적인 역사가 C. M. 우드하우스는《그리스의 벗》에 이렇게 썼다. "요점은 바이런 전에는 엘긴 마블스가 그리스로부터 역사 유적을 약탈한 행위라는 것을 결코 아무도 떠올리지 않았다는 것이다. 그 문제에 대해 그리스가 언급하게 두지 않은 것을 조금도 이상하게 여긴 사람이 없었다."

1815년 말 엘긴은 해밀턴에게 편지를 썼는데, 파리에서 자신을 위해 재정적으로 궁핍한 상황을 생생하게 전달해준 것에 대해 감사했다.

> 브로턴Broughton 일로 곤란한 상황에서 내가 빚진 1만 8,000파운드를 갚으라고 정부가 나섰는데, 이런 상황에서 밴시타트 씨[재무부 장관]는 내게 어쩔 수 없으니 논의가 시작되기 전까지 관용을 베풀어달라고 간청하라고 하네. 그는 정말 친절하고 호의적인 자세로 응해주었고, 그런 이유로 대리석들에 대한 내 권한을 인정해주었네(내 권한을 인정한 상태로 대리석들을 담보로 잡는 것에 만족했네).

이는 의회에서 표결하기도 전에 엘긴 경이 재무부가 파르테논 조각상을 부채의 담보로 설정하는 것에 동의했다는 뜻이다.

1816년 6월 오랜 논쟁의 결과 만장일치로 하원에서 법령이 통과되었다. 이 법령의 핵심은 한 문장으로 명시되어 있다.

백작이 동의하신 대로 수집품 전부를 대영박물관에 함께 보관한다는 조건으로 총 3만 5,000파운드에 구입한다. 명칭은 '엘긴 마블스'로 하고, 엘긴 백작을 대영박물관 이사로 추가로 임명한다.

이렇게 끝났다.

A. H. 스미스는 아크로폴리스에서 블룸즈버리까지 대리석 조각상을 운반한 여정을 연대순으로 기록하고 다음과 같이 끝맺었다.

이제 엘긴 대논쟁은 이 나라 헌법에 알려진 가장 권위 있는 위원회 두 곳에 의해 해결되었다. 하원의 특별위원회는 증언을 듣고 입장을 표명했다. 의회는 논의가 모두 끝난 뒤 위원회가 제출한 법안을 채택했다. 당시 반대 의견이 제기되었고 그 뒤 줄곧 간헐적으로 제기되었지만, 대체로 책임감 있고 정통한 의견을 가진 대다수의 사람들이 의회 위원회의 평결을 지지했다.

앞의 두 챕터 대부분에서 스미스의 작업에 해설을 붙였다. 우선은 스미스의 근면함과 학식에 경의를 표한다. 그러나 이런 결론이라면 그의 작업은 안전하지 못하다. 오히려 자신의 연구와 몹시 관계없는 판단을 기술했다. 스미스의 글을 주의 깊게 읽으면 다음을 발견하거나 찾아볼 수 있을 것이다.

1. 엘긴 경은 자신의 동기를 하원에 잘못 전달했다.(36~37페이지 참엘고)

2. 엘긴 경은 투르크로부터 받아낸 애매모호한 칙령의 조항조차 넘어섰다. 대영박물관의 그리스 로마관 책임자 브라이언 쿡은 1984년에 발행된 소책자《엘긴 마블스》에 기록했다. "'칙령'이 실제로 조각품을 떼어내기 위해 건물을 부분적으로 해체할 권한을 부여했는지는 의심스럽다. … 1816년 특별위원회의 헌트가 '허가하는 정확한 내용을 가지고 계약했다기보다는 기존 허가서를 연장했다'고 의문을 제기하자 보이보드 의원도 이에 동의했다."(43~44페이지 참고)

3. 엘긴 경은 투르크의 부패한 관료들에게 뇌물을 주었고, 대사라는 신분을 남용했다(훈트 박사는 조사했던 그 누구보다도 이에 대해 많은 정보를 가지고 있어서 단호히 의견을 제시했다. "대사 신분이 아니라 일개 영국 국민이었다면 투르크 정부로부터 그토록 광범위한 권한을 부여하는 칙령을 받을 수는 없었다." 특별위원회 보고서)(29, 34페이지 참고)

4. 엘긴 경은 불확실한 정치 체제를 이용해 이례적인 정치적 위기로부터 사적 이익을 추구하였다.(30, 35페이지 참고)

5. 엘긴 경은 알고 있었지만, 반대하지 않았으며, 그의 이름으로 파르테논에 심각한 구조적 손상을 입혔다.(17, 36 페이지 참고)

6. 엘긴 경은 한 번도 그리스 사람들이나 아테네 시민들의 바람이나 의견을 확인하지 않았다.(61페이지 참고)

7. 엘긴 경은 파르테논 보물들과 관련하여 영국 정부가 무엇을 요구하든 따를 수밖에 없었다. 왜냐하면 형사 법원에서 그의 악성 부채 중 하나의 담보로 그것들을 설정했기 때문이다.(49페이지 참고)

8. 엘긴 경은 재정 위기로 조각상을 팔아야 했을 때조차 스코틀랜드에 있는 자기 집이 아닌 '국가를 위해' 취득했을 뿐이라고 주장했다.(42페이지 참고)

이 비평 목록은 나중에 깨닫고 만든 것이 아니다. 당시에도 분명했고, A. H. 스미스에게도 분명했다. 그가 사건을 요약하면서 "책임감 있고 정통한 의견을 가진 대다수의 사람들"에 관해 언급한 부분은 훨씬 더 주관적이다. 그러나 그 또한 틀렸다고 보일 수도 있다. '대다수' 가운데 중요한 사람들은 처음부터 엘긴과 영국 정부에 동의하지 않았고, 계속 동의하지 않았으며 지금도 동의하지 않는다.

첫 번째 논쟁, 그리스로 돌려보내야 한다

정확한 날짜를 적시하긴 힘들지만, 엘긴 경이 고용한 기계공들과 석공들이 작업을 개시함과 거의 동시에 엘긴 경의 행적에 대해 적법성과 도덕성을 의심하는 반론이 나왔다. 의혹을 처음으로 내비친 것은 시인인 조지 노엘 고든 '바이런 경'(1788~1824)이었다. 바이런은 그리스적 정서라든가 엘긴의 행동에 대한 그리스인의 원성이 높음을 간파할 만큼 그리스에 각별한 애정을 갖고 있었다. 바이런은 장편서사시《차일드 해럴드의 순례》칸토 2와 그 이후 작품인 〈미네르바[46]의 저주〉[47]를 통해 같은 스코틀랜드 출신으로 동시대를 살고 있던 엘긴 경에 대해 경멸과 멸시의 감정을 쏟아낸다. 바이런의 글들에 세간의 주목이 쏠릴까 봐 줄곧 걱정하던 해밀턴은 엘긴에게 편지를 쓴다. "그(바이런)의 공격이 적들에게 영향을 줄 정도는 못 된다고 사료됩니다. 다만 경께서 하신 일을 공격한 그의 글이 오히려 우호적인 반응으로 돌아온다면 더욱 놀라운 일일 것입니다. 바이런의 글이 대중의 관심을 끌어 호기심 정도는 일어날 수 있겠지만, 어떤 게 진정 국가를 위한 일이고 또 그것을 위한 경의 노고가 널리 알려질 것이므로 따라서 세상도 인정하리라 믿습니다."

엘긴은 바이런의 글을 완전히 모른 체하지는 못했던 듯하다. 무어는 "엘긴 경, 그리고 연줄이 있는 몇몇 사람들로부터 나온 우호적인 항의"를 근거로 〈미네르바의 저주〉 출판을 철회하라는 뜻을 출판업자에게 내비친다. 이후는 우리 모두가 알다시피, 조각에 대한 엘긴의《비망록》[48]을 앞서 간행했던 출판업자 윌리엄 밀러가 바이런의《차일드 해럴드의 순례》출판 계획을 취소했다. 그리고 해밀턴의 예측은 어느 정도 맞아떨어졌다.

---

46 미네르바는 여신 팔라스, 팔라스 아테나의 로마식 이름.

47 The Curse of Minerva. 바이런이 1807년 그리스를 처음으로 방문했을 때 쓰기 시작해 이후 영국으로 돌아와 완성한 다음 개인적으로 적은 부수를 인쇄했다. 총 312줄로 이루어진 시이다.

48 *Memorandum on the subject of Elgin's Pursuits In Greece.*

1812년 3월 바이런의 이 기행시가 인쇄되어 나오면서 의회의 어떤 법안이나 국가의 찬사보다 더욱 확실하게 엘긴 경의 이름을 불멸로 만들었다.

ㅣ H. W. 윌리엄스의 그림으로 윌리엄 밀러가 찍은 판화

시의 주인공 차일드 해럴드는 앙상하게 골조shell만 남은 파르테논 신전을 돌아보면서 놀라움과 슬픔이 뒤섞인 울분을 토한다.

12

그런데 저 신전을 약탈한 자들 중에서

저 높이 아테나 여신이 오래 머물고, 차마 도망치지 못한 곳을

그녀가 오랫동안 통치하던 최후의 유적을

최후로 가장 사악하게 망가뜨린 멍청한 이, 그자가 누구인가?

부끄럽구나, 칼레도니아[49]여! 네 아들이 어찌 이런 짓을!

잉글랜드여! 그대의 아들이 아니라서 기쁘도다.

그대 자유인들은 한때 자유로웠던 것을 위해 수고해야 했다.

그러나 저들은 슬픔을 몰고 오는 사원을 훼손할 수 있었고,

49   Caledonia. 스코틀랜드의 고대 로마 명칭.

이 신전 제단을 짜디짠 바다 위로 끌어갈 수 있었도다.

13

그런데 근대의 픽트인[50] 대부분에게 천박한 자랑이,

고트인과 투르크인, 그리고 시간이 지켜낸 것을 잡아 뜯다니.

잉태한 해변의 바윗덩이처럼 차갑고,

마음은 황량하고 심장은 딱딱하게 굳고,

머리는 생각을 품고, 손은 준비가 되어,

얼마 남지 않은 아테네의 잔해마저 앗으려 하는데,

아테나의 아들들은 신전을 지킬 힘마저 잃었으나,

여전히 어머니의 고통을 얼마간 느꼈으며,

그리고 폭군의 사슬이 짓누르는 무게를, 그제야 알았도다.

이게 전부가 아니었다. 바이런은 나중에 엘긴 마블스의 매입을 심의하는 대영박물관 특별위원회의 위원이자 예전에 아크로폴리스에서 보존 상태가 좋은 대리석 조각을 직접 훔쳤던 애버딘 경을 풍자할 생각이었다. 다음 스탠자는 《차일드 해럴드의 순례》 출간 직전 막판에 누락된 부분이다. 원래 구상대로라면 스탠자 13번 뒤에 실렸을 것이다.

50 Pict. 영국 북부의 고대 종족 중 하나.

급은 달라도 전형적인 도둑들이로구나,

음흉한 해밀턴과 음침한 애버딘,

모든 순례자가 보고 싶어 열망하는 것을,

스러지는 장면을 축성하는 모든 것을 좀도둑질했구나.

아! 그대들은 존재하지 않았으면 좋았을걸.

그대들은 엘긴과 다를 바 없는 범죄자라네,

꽃병이나 끌어 모으는 소심한 자들이여

토머스라 불리는 가구상들이여

그대들은 아테네에 있어야 할 돌들을 잘못 가지고 왔도다.

시를 통한 바이런의 공격은 논증시[51] 〈미네르바의 저주〉에서 보다 극렬하게 치닫는다.

주피터의 딸이여! 상처받은 브리튼의 이름으로,

진짜 브리튼은 그 행위를 부인하리라.

잉글랜드에 찌푸리지 말라, 그는 잉글랜드 소속이 아니니.

아테나여, 아니다! 그대를 약탈한 이는 스코트족.

그대는 차이를 묻는가? 정당한 필레[52]의 탑에서

51 verse essay. 화자가 시 세계 밖에서 시 세계를 진술하는 시로, 화자는 전적으로 타인의 체험을 진술한다.

52 Phyle. 고대 그리스의 종족 혹은 씨족.

보이오티아[53]를 조망하라.―칼레도니아는 우리의 것이도다.

그리고 내가 그 더러운 땅에 있어봐서 아는데

지혜의 여신은 결코 명령을 내린 적이 없도다.

메마른 땅, 자연의 싹이 갇히니

불임이 불가피하고, 정신은 피폐해질 수 있다.

엉겅퀴[54]는 그 인색한 땅을 배반하였도다,

그 땅이 생명을 나눠준 모든 것의 상징인,

땅의 상냥함은 저항으로 자라나서,

비열과 궤변, 안개의 땅을 만들었도다.

안개 낀 산과 습한 대지에서 제각기 불어오는 미풍은

이슬비 내리는 뇌로 희석되고,

물에 젖은 머리를 온몸을 휘감는 물결이 되어

그들의 땅과 같이 악취 나고, 눈과 같이 냉랭해졌구나.

그리고 천 가지 계책의 성마름과 오만으로

그녀의 교활한 자식들을 널리 파견하도다.

일부는 동으로, 일부는 서로, 일부는 북을 빼고 어디로든 향하여

무엇이든 무법의 이득을 찾아서 나아가니.

그리하여―그날과 그해에 저주가 내리기를!

---

53 Boeotia. 그리스 북부의 고대 영토.

54 Thistle. 스코틀랜드 국화.

그녀는 한 픽트인을 보내 여기서 흉악범 역할을 맡겼구나.

바이런과 낭만주의 개념은 떼어놓을 수 없는 사이이고, 그렇게 하는 것은 합당하지도 않다. 하지만 바이런이 말로 태도를 공격하고 익살을 부린 것으로 그치지 않았다는 사실은 이따금 망각된다. 바이런이 전쟁터인 메솔롱기온(미솔롱기)에서 적은 일기를 몇 시간 읽어봐도 그가 오랫동안 보답을 바라지 않은 채 그리스의 독립을 위해 많은 돈과 시간을 써서 실제로 가슴이 미어질 듯 헌신했음을 알게 된다. 그가 쓴 스탠자 일부에서 경솔한 태도가 보였다고 해서 후대의 독자는 속으면 안 된다. 그는 진심을 다했고, 영국인 가운데 그리스인의 정서를 돌아볼 생각을 한 몇 안 되는 사람 중 하나로 기억될 것이다. 엘긴 마블스를 둘러싸고 찬반을 다투던 사람들이 조각에 대한 이자나 따지고 엘긴 경의 행복과 소유권 보장을 염려하던 그때, 바이런은 파르테논 자체를 의식하고 있었다. 이런 점에서 바이런은 동시대인들보다 '낭만적'이었고 근대적이었다.

반反칼레도니아 정서를 자극했다는 것을 제외하고, 바이런의 격론이 당시 어느 정도의 영향을 미쳤는지 정확히 가늠하기는 어렵다. 에레크테이온 신전 내부의 벽면에 누구인지 모를 숭배자가 낙서를 새겨놓았는데, 바이런의 글 "투르크와 고트족의 황폐화로부터 벗어난"[55]을 인용했던 듯하다. *Quod non fecerunt Goti, hoc fecerunt Scoti*(고트족이 하지 않았던 것을, 스

---

55   *Scaped from the ravage of the Turk and Goth.*

코트족이 여기서 저질렀다).

바이런의 울분은 다른 사람들에게도 전해진 듯하다. 엘긴 마블스 매입에 관한 하원 토론회에서 기회주의와 신성모독을 엮어낸 바이런의 상상은 현실에서 상당한 영향을 발휘했다. 예컨대 조각상 매입에 관한 특별위원회가 열리기 전, 존 베이컨 소리 모리트 의원(당시 노샐러턴 지역 소속인 로크비의 모리트)[56]은 1795년 봄 석 달간 아테네를 방문하고, "그리스인은 그 조각들이 아테네에서 옮겨지지 않기를 확고하고 극렬하게 희망한다"라는 사실을 전했다. 이후로 논쟁이 벌어진 1816년 6월 7일 상원 예산위원회에 참석한 휴 해머슬리 의원은 조각의 반환에 대한 제안을 처음으로 문서화했다. 다음과 같이 개정안을 발의한 것이다.

본 위원회는 엘긴 백작이 아테네에서 가져온 고대 조각의 소유권을 심의하기 위한 자리다. 엘긴 경은 영국을 대표하는 존엄한 대사로서 자신이 파견된 정부에 귀속되어 있는 귀중한 유물을 취득하기 위해 직위를 망각하고 월권을 행사했다. 그리고 오스만 정부가 대영제국에 채무가 있는 이 시기를 감안하다면 더더욱 조심했어야 마땅했다. 하지만 본 위원회는 엘긴 경이 사적으로 금전적 이득을 위해 이런 일을 벌였다고 생각하지 않는다. 오히려 국가를 위해 그 조각들을 취득하려 했다고 믿는다. 우리가 새

---

56 John Bacon Sawrey Morritt(1772?~1843). 로크비의 모리트Morritt of Rokeby로도 불린다. 영국 여행자이자 정치인, 고전학자. 1794년부터 2년간 그리스와 소아시아 지역을 여행했다.

로 작위를 부여하고 그가 가져온 파르테논 조각상을 매입하게 된다면, 사욕을 위해 뇌물을 주는 행위까지도 국가를 위해서라는 변명으로 용서됨은 물론이고 고대 유물 처리에 대한 나쁜 선례로 작용될 위험이 있을 것이다.

해머슬리 의원은 이렇듯 유화적인 구절로 운을 뗀 뒤 구체적인 개정안을 제기했다.

따라서 본 위원회는 사례의 특수한 정황을 고려하여 엘긴 백작의 소장품을 매입하는 대가로 2만 5,000파운드를 주는 것이 적절하다고 판단된다. 이렇게 하면 정부는 부적절하게 취득한 유물들을 회수하여 함께 보관할 수 있을 것이다. 그리고 본 위원회는 정부가 아테네 시민들이 반환을 요청하기 전까지 이 조각상들에 대해 신탁 관리할 것임을 즉각 선언하도록 권고한다. 현재 혹은 미래 어느 때라도 아테네 시민들이 반환을 청구할 경우에 어떠한 이견이나 협상 없이 원위치로 돌려놓아야 한다. 그때까지는 대영박물관에서 신중하게 보존하는 방안을 제안한다.

이 개정안이 흥미로운 이유는 오늘날의 주장과 똑같이 엘긴의 동기(이것이 아무리 다양하더라도)와 조각상 반환 의무 사이에서 균열이 일어나기 때문이다. 그러나 해머슬리 의원의 제안에 대한 존 윌슨 크로커 의원의 반응 또한 안타깝지만 오늘날까지 계속되고 있다. 크로커 의원은 비꼬듯이 평가했는데 "이 고대 지역들을 지배하게 될 미래의 정복자에게 우리의 감정을 이해받고 또 우리가 보유하고 있는 보물들에 대한 그들의 권리를 지금 미리 고려하자는 것은 어불성설이다". 그는 더 나아가 해머슬리 개정안의 핵심을 곡해하고 이렇게 말했다. "대리석상을 투르크인에게 돌려주자고 주장하다니 터무니없고 우스꽝스럽기 그지없다." 동시대인 대다수처럼, 크로커 의원도 아테네를 지배하는 그리스인, 자신들의 고대 유적을 관할하는 그리스인을 상상할 수 없었다. 해머슬리 의원이 집어넣은 이 구절 "현재 혹은 미래 어느 때라도 아테네 시민들" 하는 부분이 당혹스러웠다. 영국 의회의 의원 대다수는 자기만족에 경도된 나머지 이런 자명한 의구심조차 알아보지 못했다. 조각상 취득안에 관한 의결에서 82명이 찬성표를 던졌고 30명이 반대표를 던졌다.

하지만 당시의 모든 영국인이 엘긴 마블스 취득의 당위성을 쉽게 수긍했던 것은 아니다. 이 책의 앞부분에서 언급한 에드워드 클라크는 망가진 파르테논 신전의 구조와 균형을 눈으로 직접 확인하고서 그 실상을 기록으로 남겼다.

이런 사례 중 하나로 거론될지 모르겠으나, 운송 과정에서 입은 큰 손상은 취향의 결핍은 물론 타결 방식에서 역력한 야만성(바버리즘)[57]을 입

---

57 barbarism. 고전적 표현을 따르지 않는 불순하고 야비한 말이나 글.

증할 것이다. 파르테논 신전의
동쪽 파사드[58] 상단 페디먼트의
시점에서 보면, 말머리가 하나
있었다. 이것은 넵투누스가 아
테네의 소유권을 두고 미네르바
(아테나)와 다툼을 벌이다가 삼
지창으로 공격하자 그의 말이
대지를 뚫고 올라오는 모습의

| 동편 페디먼트의 말머리

조각이 있던 자리라 짐작된다. 이 동물의 머리는 아래서 올려다볼 관람객
을 위해 페이디아스가 신중하게 배치했을 것이다. 마치 심연으로부터 솟
아 나와서 억압된 상황을 박차기 위해 거품을 물고 애쓰는 듯 보이게 하
려고….

　페이디아스는 일정 거리에서 이 페디먼트를 바라볼 때 조각의 모든 시
점(이런 표현을 허락한다면)을 보고 완벽한 조화와 비례를 체감할 수 있
도록 완벽한 구도를 구상했다. 이런 정황에서 말머리가 사라졌다는 것은
조각 전체가 파괴되었다는 뜻이다. 말머리를 끌어내림으로써 페이디아
스의 전부를 파괴한 것이 아니고 무엇이겠는가! 이런 일이 현실에서 일
어날 거라고 누가 짐작이나 했을까? 그리고 어찌 국가의 이름으로 그 훌
륭한 순수 미술을 파괴할 수 있다는 말인가? 더더구나 이 조각들을 떼어

58　façade. 건축물의 주된 출입구가 있는 정면부.

내느라 페디먼트 전체를 파괴하도록, 이 작품이 이 정도로 훼손될 때까지 방치해도 된다는 것인가?

클라크는 물었다. 앞으로 일어날 붕괴로부터 이 조각들을 구해내는 것이 진짜 의도라면, "그것들을 잡아 뜯는 데 사용했던 영향력을 투르크 정부가 효과적인 보존 대책을 마련하도록 유도해야 하지 않을까? 그러지 않았다! 흥분한 나머지 더 현명한 방법을 놓쳐버렸다!"

이로부터 몇 년 후 판화공이자《이탈리아, 그리스, 이오니아 제도 여행기》의 저자인 H. W. 윌리엄스가 그리스를 방문했고, 이 조각을 떼어낸 것이 순수예술의 발전에 일조한다는 주장을 편다.

엘긴 마블스가 영국 미술의 향상에 크게 기여할 것임은 의심의 여지가 없다. 이 조각들은 영국 미술가들의 눈을 틔어서 간결함과 아름다움으로 가는 유일한 길이 자연을 연구하는 것임을 깨우칠 것이다. 그러나 이런 목적을 위해 아테네 사람들의 이익을 침해하고 다른 나라가 오랜 세대에 걸쳐 지켜온 자랑스러운 조각들을 못 보게 할 권리가 우리에게 있을까? 미네르바 신전은 저 높은 언덕에 우뚝 솟아서 순수한 취향을 일러주는 상징으로서 오랫동안 아낌을 받았다. 이제 여행의 수고를 보상하던 희열감을 빼앗겨 낙담하는 순례자에겐 뭐라 말할 수 있을까? 순례자에게 해줄 위로가 남았다면, 영국에 가면 파르테논의 조각들을 만나볼 수 있다는 말뿐이리.

윌리엄스는 영국 국민이 그리하지 않았다면, 다른 나라가 그랬을 것이라는 주장에 맞서지는 않았다. 이것은 여러 세대를 거치는 동안 논점을 회피하는 방식으로 이용되었다(바로 이런 가정이 하원 토론회의 핵심이었고, 엘긴을 지지하는 일당은 엘긴이 다른 나라로 가져가기 전에 영국 정부의 매입을 종용했다. 재무부가 이미 그 조각상들을 유치했다는 사실은 까맣게 모른 채). 엘긴이 파르테논 조각을 떼어가지 않았다면 프랑스에서 가져갔을 것이라고들 하는데, 어쩌면 그랬을 수도 있다. 하지만 윌리엄스의 의혹은 충분히 온당하고 유려하고, 많은 사람이 같은 불안감을 공유하고 있었음을 전해준다.

프레더릭 실베스터 노스 더글러스 의원은 자신의 에세이 〈고대 그리스인과 현대 그리스인의 유사점에 대하여〉[59]에서 엘긴이 《비망록》에서 밝힌 주장에 전적으로 동조하면서도 다음과 같은 비판을 덧붙였다. "무기력에 빠진 우방에서 그들의 귀중한 유물을 약탈하는 것은 명백한 부당 행위이다. … 페리클레스의 감독 하에 페이디아스가 배열했던 것들을 대담하게 뜯어낸 그 손길이 놀라울 뿐이다." 존 캠 홉하우스[60]는 광신도까지는 아니었지만, 우연히 만난 사람의 말을 기록으로 남겼다.

그럼에도 요아나나[61] 출신의 학식 있는 그리스인에게 들은 멋진 말을

---

59 Hon. Frederick Sylvester North Douglas(1791~1819). 영국 정치인으로 1810년부터 1812년까지 대장정에 나섰고 돌아와서 1813년 이 에세이를 발표했다.

60 John Cam Hobhouse(1786~1869). 영국 정치인인자 일기 작가.

전하지 않을 수 없다. 그 사람이 나에게 말했다. "당신네 영국인이 우리 그리스 조상들의 작품을 실어내 가고 있소. 그것들을 잘 보관하시오. 그리스인들이 반환을 요구하러 찾아갈 테니."

홉하우스의 예감이 틀리지 않았음이 조만간 증명될 터였다. 민족 혁명이 한창이던 때와 그 이후에도 그리스인은 이 대리석상의 철거에 대해 강력하게 의견을 표시했다. 그중에서 가장 인상적이면서 설득력 있게 그리스인들의 확신을 담아 반환 요청을 한 그리스 독립군에서 가장 위대한 민중 지도자로 이름을 떨친 마크리얀니스 사령관[62]이 생전에 한 것이다. 1826년 10월 7일 아크로폴리스의 헤로데스 아티쿠스 극장을 지키다가 중상을 입은 마크리얀니스는 독립 직후 수많은 정적들을 물리치고 1843년 입헌주의 혁명의 수장 가까이에 올랐다.[63] 그가 읽기와 쓰기를 독학으로 깨치면서 힘겹게 써내려간 원고는 1907년이 될 때까지 출판사를 찾지 못했다. 이유는 이러했다.

내가 글을 쓰는 이유를 이렇게 쓰고 있는 까닭은 옳은 것들이 틀린 것들에 짓눌리는 현실을 두고 볼 수 없어서다. 내가 늙었지만 글을 배우고

---

61   Joannina. 그리스 서북부의 도시.

62   General Yannis Makriyannis(1797~1864). 상인이자 군사 장교, 정치인으로 《비망록》이 유명하다.

63   9월 혁명.

막된 글이나마 쓰려는 이유는 그 때문이며, 어릴 적에 공부할 기회를 얻지 못했기 때문이다.

1943년 이오르고스 세페리아데스[64]는 알렉산드리아에 망명 중이던 그리스 군인들에게 연설하는 도중 마크리얀니스를 언급했다. 이 연설문의 번역은 렉스 워너가 쓴《그리스 스타일에 대하여》에 실려 있다. 연설문에 따르면, 마크리얀니스는 그리스가 투르크제국으로부터 해방될 때까지 고대 조각상 두 개를 보관하고 있었던 듯하다. 투르크의 술탄이 결국에 그리스의 독립을 승인한 뒤, 마크리얀니스는 수하의 병사 몇몇이 이 조각상들을 아르고스에서 유럽인 여행객 둘에게 팔려 했다는 사실을 들었다. 당시의 상황을 마크리얀니스의 입으로 들어보자.

나는 이 병사들을 한옆으로 불러내 이렇게 말해주었다. 자네들은 이것들을 내주면 안 되고, 만 탈러[65]를 준대도 안 된다. 이것들이 이 땅을 떠나게 해선 더더욱 안 된다. 이것들을 위해 우리가 싸웠다.

노벨문학상 수상자이자 이후 외교관이 된 세페리아데스는 그리스 시문학을 누구보다 풍요롭게 했다. 그는 그리스가 해방될 날만을 고대하던

---

64 Giōrgos Seferisadēs(1900~1971). 그리스 시인으로 1963년 노벨 문학상을 받았다.

65 taller. 독일의 옛 3마르크 은화로 달러의 기원이 되었다. 1872년 독일은 탈러를 버리고 마르크를 새 화폐단위로 채택했다.

그리스 망명 군인들에게 말했다.

알겠습니까? 이것은 바이런 경이 했던 말도, 위대한 학자나 고고학자가 했던 말도 아닙니다. 루멜리아[66]에서 목동의 아들로 태어나 온몸이 상처투성이인 한 사내가 했던 말입니다. "이것들을 위해 우리가 싸웠다." 사내의 이 짧은 한마디는 황금을 바른 아카데메이야 15곳에서 내놓은 견해보다 묵직했습니다. 한 나라의 문화가 송두리째 파헤쳐질 수도 있다는 절박함에서 나온 말이기 때문입니다. 우리 조상들의 아름다움에 대한 관념이나 평민들의 강마르고 말라비틀어진 심장에서 나온 말이 아닙니다.

세페리아데스가 나치즘에 맞서 결사 항전도 불사하겠다는 그리스 군인들의 용기를 북돋으려는 마음에서 한 과장된 표현만은 아니었다. 1821년에 그리스군이 아크로폴리스를 포위했는데 투르크 방어군이 건축물을 고정하고 지지하는 기능을 하던 클램프를 녹여 탄알을 만든 사건은 이미 많이 알려져 있다. 그리스 포위군 가운데서 키리아코스 피타키스[67]가 맹활약을 벌였는데, 그는 나중에 초대 그리스 문화재청 수장으로 임명되었다. 저명한 고고학 교수 A. 리조스 랑가비스[68]는 이렇게 말한다.

---

66 발칸 반도의 구舊터키령 지방. 동루멜리아는 남불가리아 주가 되었으며, 서루멜리아는 그리스와 알바니아에 병합되었다.
67 Kyriakos Pittakis(1798~1863). 아테네 출신의 그리스 고고학자.
68 Alexandros Rizos Rangavis(1809~1892).

피타키스가 아크로폴리스에서 벌어진 일을 전해 듣고 군대 동료들과 상의한 다음, 아테네인들은 아크로폴리스에 주둔한 오스만제국 병사들에게 다량의 납 탄환을 건네주면서 파괴를 중단하라고 부탁했다. 예전에 우리 조상들은 박애주의에 입각하여 굶주린 적군에게 음식을 주었다. 전시에 이보다 더 고귀하게 행동할 수는 없을 것이다.

이뿐 아니라 그리스 당국은 독립 전쟁이 한창 치열한 와중에도 고대 문화재를 보전하려는 노력을 소홀히 하지 않았다. 1825년 그리스 임시 내각의 국무장관 알렉산드로스 마브로코르다토스[69]는 사적 이득을 위해 유물을 도굴한 네덜란드 장교에게 공식 기소를 준비 중이라는 경고장을 보냈다. "귀하가 가져간 고대 유물을 원상복구함으로써 불기소 처분을 받게 된다면 한없이 기쁘겠습니다." 마프로코르다토스는 서한을 이어갔다.

하지만 어떤 고대 유물도 국외 반출이 법으로 금지되어 있습니다. 무력으로 법을 무시하겠다면 어쩔 수 없을 것입니다. 그러면 우리의 시민보다 고대 유물을 지켜낼 인력의 숫자가 더 많아져야 할 것입니다. 그래도 우리는 우리의 것임을 부단히 주장할 것이며, 현명한 유럽 정부들도 우리의 주장을 인정하게 되리라 확신합니다.

69　Alexander Mavrocordatos(1791~1865).

그리스인들은 미천한 출신으로서 벼락출세한 마크리얀니스 사령관부터 전 계층이 자국의 문화유산에 대한 자부심이 유별났다. 이런 역사적 기록과 문헌 자료를 외면하고 있는 것뿐이다. 그리스인이 자국의 문화재에 무관심했다는 저속한 거짓말을 지어낸 것은 엘긴 일당 가운데 콘스탄티노플 교구장인 필립 헌트 신부였을 가능성이 있다. 이미 살펴보았듯이, 헌트 신부는 파르테논 조각상 강탈에 2인자로서 열의를 다했다. 루시에리가 1802년 1월 11일 에레크테이온 신전에 대해 쓴 편지에서 그 증거가 나타난다.

이 작은 기념물은 다양한 데다가 디테일이 살아 있는 진짜 걸작입니다. 그러나 특별한 칙령 없이는 이 마지막 조각(판드로세이온[70])을 떼어내는 것이 불가능합니다. 투르크인과 그리스인들은 이 조각에 애정이 상당해서, 헌트 신부가 떼어내라고 하자 수군대는 소리가 들렸습니다.

그런데 1816년에 열린 하원 특별위원회에서 "현지인들로부터 반대가 없었습니까?"라고 묻는 질의에, 헌트 신부는 "전혀 없었다"라고 답변했다. 측근의 증언이 있음에도 거짓말을 했다. 하지만 '현지인들'의 뜻을 잘못 전달하는 일은 더욱 빈번해졌고 그 이후로도 계속되었다.

---

70 Pandroseion. 아테네의 아크로폴리스에서 숭배되었던 판드로소스Pandrosos의 성역. 에레크테이온 서쪽에 접하며 담으로 둘러싸여 있었다. 판드로소스는 전설 속 아티카 왕 케크로푸스의 세 딸 중 하나로, 인간의 신분으로는 최초로 실(絲)을 자았다고 한다.

| 아크로폴리스의 판드로세이온 터

내가 다음으로 찾아낸, 파르테논 조각을 주제로 한 공개 논쟁은 런던에
서 발행되던 정기간행물 《19세기》 1890/1891년 호 토론 란이었다. 하지
만 이 기고문의 어조와 참고 자료로 판단하건대, 이번 논쟁의 당사자들은
독자들이 파르테논 조각을 둘러싼 논쟁의 추이와 주요 쟁점을 안다고 전
제했다. 프레더릭 해리슨 의원은 '엘긴 조각상을 돌려주라'라는 단호하기
그지없는 제목의 글에서 엘긴 추종자들이 조각상을 계속 보유하기 위한
구실을 '궤변'일 뿐이라며 맹비난했다.

파르테논 조각상은 영국보다 그리스에게 천 배 더 귀중하고 중요한 물
건으로, 돈으로도 살 수 없는 것이다. 그리고 이 조각들을 이제 겨우 74년

보관해온 대영박물관을 2,240년을 지켜온 아크로폴리스와 어찌 견줄 수 있는가?

해리슨 의원이 조각상을 취득하던 시기의 전임자들보다 신랄한 주장을 펼 수 있었던 데는, 그리스가 당시 막 독립해서 유럽의 일원으로 편입되었기 때문이다. 조각상 취득이 투르크의 무관심이나 반달리즘(문화재 파괴 행위) 때문이라는 유구한 변명은 근거를 잃었다. 영국의 순수 미술에 잠재적으로 도움을 줄 것이라는 허무맹랑한 주장도 역시나 효력이 다했다. 해리슨이 지적하듯, "아테네가 런던보다 고고학적으로 훨씬 더 중대한 가치를 지닌 유파였다".

1890년에 반환에 반대하는 주장은 오늘날과 상당히 비슷한 양상으로 전개되었던 듯하다. 해리슨은 앞을 내다본 듯 다음과 같이 말했다.

팔몰[71]의 어느 사교 클럽 안락의자에서 그 남자는 조롱할 준비를 마쳤다. '그 조각상을 모조리 원위치로 돌려놓겠다고 말하시는 것입니까?' 이것은 말이 안 된다. 엘긴 마블스는 여타 조각들과 완전히 다른 발판 위에서 있다. 그것들은 단순히 조각이 아니다. 그것들은 세상에서 가장 독특하고 유명한 건축물과 일체였다. 건축물은 망가졌지만 여전히 그 나라의

---

71 Pall Mall. 영국 런던의 사교 클럽 거리.

상징이자 국민의 팔라디온[72]이고, 교양인이 되려는 사람들의 순례지이다. 아크로폴리스 순례에 나선 교양인은… 파르테논으로 가서 엘긴 경이 뜯어 가서 조각들이 사라진 페디먼트의 빈자리를 확인한다. 그리고 길게 띠 모양으로 너덜너덜해진 곳을 보는데, 조각이 모조리 뜯겨나간 프리즈이다. 그리고 영국 대사 두 명이 메토프에 뚫어놓은 구멍 16개를 목격할 것이다.

해리슨의 주장에서는 신전 건축의 균형에 대한 숙고가 큰 부분을 차지한다. 그가 지적한다.

메토프 한 점은 아크로폴리스 박물관에 절반이 있고, 런던에 나머지 절반이 있다. 이 메토프는 천재의 창조성을 오롯이 보여주는 걸작이기에, 런던과 아크로폴리스에서는 각기 대리석 원본과 석고 복제품을 만들어 전시하고 있다. 적절한 조치임이 분명하지만, 우리가 위대한 예술을 진심으로 존중한다면 원본 두 개를 합쳐야 할 것이다.

해리슨은 선례로 이오니아 제도를 떠올렸는데, 이 섬은 윌리엄 글래드스턴이 법안을 발의해 그리스로 반환했다. "우리는 영국이 부당한 약탈

---

72 palladium. 아테나 여신 혹은 그녀의 벗이자 트리톤Triton의 딸인 팔라스Pallas의 신상神像을 지칭한다.

자의 이름으로 기억되기를 바라지 않기에" 상상과 아량을 행동으로 옮긴 것이다.

해리슨의 기사가 주는 충격을 고려하여 《19세기》의 편집장 제임스 놀스[73]는 1891년 3월 호에서 해리슨의 글을 가장 통렬하게 비판하면서 논쟁의 대열에 합류했다. 놀스는 해리슨의 주장이 농담일 뿐이라는 짓궂은 가정에서 출발했다. 그래서 제목도 '엘긴 조각상을 둘러싼 농담'이라고 붙였다. 놀스는 조롱과 겸양을 오락가락하며 그리스인을 "고대 그리스 유적에서 현재 살고 있는 소수의 혼혈족"이라고 말했다. 이는 치명적인 영국식 유머였다. 이 조각들이 반환되면 그리스 정부가 "베를린에서 제의한 100만 파운드에 굴하거나 뉴욕에서 제의한 200만 파운드에 깜빡할" 수 있다는 근거도 없는 허무맹랑한 의견을 내놓았다. 그는 그리스인에게 다른 어떤 건축물과 견줄 수 없을 정도로 파르테논이 중요하다는 해리슨의 주장을 무시했고, 그러다간 다른 고대 그리스 유물들뿐만 아니라 고대 아시리아 유물들까지 돌려주어야 하는 게 아니냐고 조롱했다. 그는 살아남은 대리석상을 최대한 악용했는데, 그동안에 정말로 그런 일이 일어나기도 했다. 하지만 이런 과장법이 논지를 망쳐버려 끝으로 갈수록 자기모순에 빠졌다.

---

73 James Knowles. 이 저널을 창간한 사람이기도 하다.

저 바리새인[74] 연사는 무엇 때문에 지브롤터, 몰타 섬, 인도, 버마, 홍콩, 케이프 반도, 캐나다, 뉴질랜드, 오스트레일리아, 아일랜드는 말하지 않는가? 그의 위선적인 가슴 속에서는 상상 가능한 모든 동기들이 울부짖으며 이 모든 위험한 것, 곧 그 자신을 몰아내고 있지 않는가, 신과 자신의 조상들이 전해준 소유물 전부를 영국이 모두 발가벗겨 맨몸으로 구세군의 함성 속에 서서도 부끄러워하지 않을 때까지, 오로지 독선과 자화자찬의 옷만 걸친 채 전 세계의 웃음거리가 되고 말겠다는 것인가?

이것이 '엘긴 마블스를 돌려주자'는 이들의 논리다 …

당시의 일반적인 영국인들의 사고를 보였다. 하지만 시대는 놀스의 편을 들어주지 않았다. 놀스가 거론한 국가들은 (이 글을 쓴 시점에 지브롤터와 홍콩을 제외하고) 하나같이 자치 정부를 이루었고, 남은 두 나라 가운데 홍콩도 자치권을 승인받게 되었다. 어쩌면 오늘날 조각상의 반환으로 인해 지브롤터의 바바리 원숭이[75]와 포클랜드 요새가 위기에 처할 것이라는 주장이 더 그럴듯하지 않을까. 근대의 엘긴 경 추종자들도 이런 식의 저급한 농담을 하지 않았다.

해리슨과 놀스의 논쟁에 흥미로운 세 인물이 엇갈리는 의견을 내며 합

---

74 '분리된 자, 거룩한 자'라는 뜻을 가진, 신과 율법을 누구보다 엄격히 따르던 고대 유대인 집단. 이후 도덕군자인 척하거나 규칙에 집착하는 사람들을 이르는 말이 되었다.

75 rock-ape. 꼬리 없는 원숭이로 사람을 제외하고 유럽에 사는 유일한 영장류이다.

류했다. 콘스탄틴 카바피[76], 조지 너새니얼 커즌[77], 로저 케이스먼트 경[78]
이 그들이다. 카바피는 저널 《리비스타 퀸디시날레》 1891년 4월 호에서
놀스의 주장에 대해 거센 반론을 편다.

놀스는 파르테논 조각을 돌려주면 마치 지브롤터, 몰타 섬, 키프로스,
인도까지 내주어야 하는 것처럼 몰아가고 있다. 이는 이들 식민지가 영국
의 무역 그리고 영국제국의 존엄성과 안전에 결부되어 있는 반면, 엘긴
조각상은 대영박물관의 장식 외에 어떤 다른 목적이 없음을 망각한 것이
다. 그는 블룸즈버리 대영박물관의 기후 환경이 조각에 해로울 수 있다는
해리슨의 언급을 비하하고, 만약 그리스에 넘겨줄 경우 동방의 문제로 확
장되어서 "언젠가 또 다른 대충돌이 일어나서" 파괴될 수도 있다는 두려
움을 표현하는데, 이는 미래의 불운에 맞서 싸울 생각을 하기 전에 현재
의 악을 치료해야 한다는 사실을 망각한 것이다.

어쩌면 카바피가 놀스의 제국주의에 대해 너무 정색한 것일 수도 있다
(그리고 놀스가 목록에서 빼놓은 키프로스를 포함시킨 것이 흥미롭다). 여하
튼 카바피는 마지막 문단에서 자신의 심정을 격하게 드러낸다.

---

76   Constantine Cavafy (1863~1933).
77   George Nathaniel Curzon (1859~1925). 영국의 외상.
78   Sir Roger Casement (1864~1916). 영국의 외교관으로, 비밀리에 아일랜드의 독립운동가로 활
동하다가 체포되어 사형 당했다.

나는 아직도 어떤 동기에서 그가 이런 기사를 썼는지 이해할 수가 없다. 자국의 예술적 풍요로움을 위한 배려 때문이었을까, 아니면 단순히 문학 창작에 대한 강렬한 욕구[79] 때문이었을까? 만약 전자라면, 위대한 나라에서 절반의 진실, 절반의 거짓에서 이득을 얻는 것은 명예롭지 못한 일임을 명심해야 할 것이다. 정직이 최선의 전략이고, 엘긴 마블스의 경우에 정직은 반환을 뜻한다. 만약 후자라면, 단지 해리슨의 유려하고 현명하고 분별 있는 기사를 이기기 위해라면, 위대한 프랑스 작가의 경고를 돌이켜보지 못했음을 많이 후회할 것이다. 누가 생각 없이 멍청한 말을 내뱉고 나서 뒤늦게 후회하는가?

같은 달, 조지 너새니얼 커즌은 스위스 다보스의 알파인 리조트에서 《포트나이틀리 리뷰》 편집장에게 편지를 보낸다. 그는 해리슨과 놀스의 싸움에 대한 관전평을 적은 후, 엘긴 마블스가 런던에 계속 있어야 더 많은 사람들이 볼 수 있다는 익숙한 논리로 해리슨에 대한 반대 입장을 밝혔다. 그럼에도, 파르테논 장식물을 모조리 떼어낸 것이 못내 꺼림칙하기는 했던 모양이다. 그래서 타협안을 내놓는다.

나의 주장은 파르테논 유적들에 대해 제한적인 반환을 통해 가능한 한

---

79 원문은 "*cacoethes scribendi*". 되든 말든 글을 마구 써내는 억제할 수 없는 나쁜 습관을 뜻하는 라틴어 관용어.

원래의 환경, 곧 고대부터 신성한 바위가 있던 그 자리에*in situ ipso antiquo* 돌려보내자는 것이다. 이제 그 빈자리에 놓아서 그곳을 찾는 모든 관람객이 조잡한 테라코타 복제품을 보게 하는 가책에서 영국이 벗어나야 한다.

커즌은 에레크테이온 신전의 카리아티드와 프리즈에 대해서도 언급한다. 많은 그리스인, 영국인 관람객처럼 그도 의인화에 기대 카리아티드에 대해 논한다. "대영박물관의 기다란 갤러리에서는 니오베 왕비[80]가 돌 속에 갇힌 자신의 적막한 처지에 눈물을 흘리는 듯하다." 반환을 지지하지만 실제로 재부착할 수 있는 조각들에 한한다고 말함으로써 '선례가 된다'는 관례적인 공격을 비켜갔다. 하지만 누군가와 달리 아크로폴리스에 대한 그리스의 책무를 업신여기지 않았다.

이전에도 그곳을 방문했고 마지막으로 방문한 지 1년이 되지 않았다. 나는 아테네 유적의 안전과 세심한 보호를 보증할 수 있다. 유물을 지키던 헌병들은 친절했고 인원도 많았으며, 무너진 아키트레이브와 부서진 드럼[81] 사이를 오갔다. 나는 감시하는 그들의 눈길 아래서 카리아티드가 자신의 자매들과 있다면 안전함을 느끼지 않을까 생각했다.

---

80 그리스 신화에서 탄탈로스의 딸이자 테베의 왕비로 열네 명의 자식을 두었다. 니오베의 오만함이 레토 여신의 분노를 사 자식을 모두 잃고 돌이 되었다.

81 drum. 기둥 아랫부분에 바위를 여러 개 깎아내어 켜켜이 쌓아서 기둥을 받치는 것. 북과 모양이 비슷하고, 태고석太鼓石이라고도 한다.

커즌은 이 편지를 어떤 면에서는 교환도 가능하지 않을까 하는 생각으로 마무리한다. 그것은 카리아티드와 파나테나이아 행렬 중 사라진 패널 부분이다. 이것은 기대에 미치지 못했다.

나는 영국인으로서 아무 조건 없이 자발적으로 파르테논 조각을 반환하기를 제안한다. 이런 경우에는 거래보다는 무상 증여가 바람직하고, 교환보다 반환이 바람직하다.

카바피의 편지와 마찬가지로, 커즌의 무의식이 드러난다. 아크로폴리스를 수호하는 아테네 헌병의 열정을 추천하면서 커즌은 말했다. "아무리 기교가 뛰어난 아리에스도 눈에 띄지 않게 해머나 뾰족한 지팡이를 들고 승리의 여신(니케) 프리즈까지 기어오를 수 있다고 생각하지 않는다." 이것은 그 신전을 사실상 훼손했던 저들 영국인과 스코틀랜드인의 가정교육과 혈통을 고려한다면 눈에 거슬리는 면이 있다. 종종, 파르테논 조각을 계속 보유하자는 이들과 시간을 끌려는 사람들의 주장에서, 노동자들이 욕조에 석탄을 보관하는지 아니면 인도인들이 '자치 정부를 꾸릴 준비'가 되었는지 여부가 궁금하다던 이들의 말투와 전제가 떠오른다.

로저 케이스먼트는 이런 자제심이 없었다. 해리슨의 글을 읽을 즈음 케이스먼트는 그 유명한 임무를 맡고서 콩고로 가던 중이었다.[82] 그는 이

---

[82] 당시 콩고는 벨기에령 식민지로서 레오폴드 2세의 사유재산이나 다름없었다. 고무와 상아를 얻

논쟁에 자극을 받아 시 한 편을 써서 런던으로 보냈고, 《리뷰 오브 리뷰스》1891년 7월 호에 게재되었다.(케이스먼트가 사형당한 후에는 《옵서버》 1916년 5월 21일 자에 실렸다.)

> 엘긴 마블스를 돌려주라; 그것들이
>
> 더럽혀지지 않은 순수한 아테네 하늘 아래 누워 있게 하라.
>
> 우리 북쪽 나라의 매캐한 연기 손가락이
>
> 과거 그 어느 때보다 많은 파괴를 저질렀구나.
>
> 피레안 바다는 얼마나 자주 포효했던가.
>
> 기둥이 늘어선 홀을 지나 어스름한 신전에는 도둑이 들끓으니
>
> 대리석 귀들을 부딪혔고, 이제는 달아나야만 하고
>
> 이제 런던에서 그 웅웅 소리가 소용돌이치고 멈추지 않는구나.
>
> 아! 그 소리가 다시 한 번 들리게 하라,
>
> 아침 산들바람이 부는 아테네의 성지에서.
>
> 황소의 그르렁거림, 염소 방울의 딸랑 소리
>
> 저 멀리 히메투스 산으로부터 울려오는 웅웅 소리.
>
> 조각상을 돌려주어, 예술이 여전한 곳에
>
> 고이 잠들 수 있게 페이디아스의 무덤 곁을 지키게 하라.

기 위해 콩고인들을 잔인하게 학대했다. 로저 케이스먼트는 영국 외교관으로서 콩고에 가서 현지조사를 했고 1904년에 〈케이스먼트 보고서〉를 제출했다. 그는 아일랜드인으로서 독립 투쟁을 벌이다가 1916년 8월에 반역죄로 교수형을 당했다.

(남콩고 캐터랙트 지역, 루쿵가 계곡에서)

이 시는 어쩌면 실행보다는 감정에 가치를 두고 있다. 그러나 1905년에 시작된 토머스 하디의 감상적인 시 〈엘긴의 방에서 맞은 크리스마스〉보다 뛰어난 것은 분명하다.

'이 밤을 흔드는 저 소리는 무엇일까,

북극성 저 높은 곳까지 솟아오를 듯한데?'

　'크리스마스 종소리,

　야경꾼의 말소리,

어두운 그림자로 우리를 흐리게 하며 이 방으로 누군가 걸어와.'

'그리고 저 쨍그랑 소리는 뭐지?'

그날의 환호성 소리라고 하는데,

　　그리고 인류로 가는

　　우아함의 근원

이윽고 직조한 돛으로 항해해 우리를 여기까지 유배하는구나.

'우리는 우리를 형상화하는 법을

그리고 우리에게 차려입는 법

　그리고 인간의 시점에서 아테네 신전에 우리를 세우는 법을

페이디아스가 알았던 이후 수백 년을 지나

크리스마스를 전복시켰던 이들이다.

오 슬프도다, 이제 우리는 팔렸다—

우리의 신들이여! 보리언 종족의 황금에,

   그리고 이 음산하고 삭막한 방에

   데려와서

햇빛은 피하고, 향긋한 서광을 잃고, 추위에 떠는구나.

종들아, 내가 아직 찬란한

아테네 언덕을 깨워라.

   '그리고 나는, 그리고 나!'

   누군가의 한숨 소리,

'이 예수가 알려지기 전에, 우리에게 인류의 선의가 있었다.'

그곳에서 늙은 헬리오스는 꺼덕일 수밖에 없었고,

일리소스 강의 신도 고동쳤고,

   그리고 그곳에서

   신들의 토르소,

그들의 사지가 아크로폴리스의 흙더미 아래서 산산조각이 되었도다:

데메테르여, 백발의 포세이돈이여,

페르세포네여,

　그리고 더 많은 제우스의 혈통들이여,

　모두 주목하기 싫어하는

그날 밤 속속들이 그들을 흔들어대는 누가 종소리를 울렸는가.

　이 두 편의 시는 헬라딕[83] 시대의 맥락에서 분리된 대리석 조각이라는 점에서 미학적으로 부적합하거나 관련 없는 어떤 것이 있다는 인식에서 공통점이 있다. 이런 감정은 맨 처음부터 이 조각상의 반환에서 큰 부분을 차지하고 있다. 또한 마음을 진정시키는 작업을 해왔겠지만 시간이 지나도 대영박물관이 여전히 파르테논 조각상의 '천부적' 보고寶庫라는 개념을 많은 사람들이 받아들이지 못했다는 증거일 수 있다.

　그리하여, A. H. 스미스는 1916년 엘긴 경을 옹호하는 글을 발표하면서 그 문제를 이미 결론이 난 사안처럼 단정하며 솔직하지 못한 주장을 하게 된다. 이 문제는 여전히 열띤 논쟁의 대상이 되었고 1916년까지 시들해졌다고 믿을 근거는 어디에도 없었다. 그다음으로 공개 논쟁이 벌어진 때는 1924년이었다. 해럴드 니컬슨[84]은 젊은 시절 외무부에서 근동

83　그리스 본토의 선사 미술. 서기전 3000년대 중반경 크레타 문명, 키클라데스 문명 등과 평행하게 본토에서 생겨난 헬라딕Helladic 문명의 미술.

84　Harold Nicholson(1886~1968). 영국의 문학평론가이자 언론인, 외교관, 하원의원으로 활동했다.

지역, 그중에서도 그리스 업무를 전담한 외교관이었다. 다음은 그의 글 가운데 일부다.

그리하여 외교관이자 바이런을 배우는 학생이던 나는 1924년 4월 19일 메솔롱기에서 바이런 사망 100주기 기념행사가 열린다는 사실에 관심이 갈 수밖에 없었고, 정부 차원에서 이를 기념하는 행동을 취해야 한다고 상부에 제안했다. 당시 외무부 장관은 램지 맥도널드로, 영국 총리를 겸 직하고 있었다. 얼마 후 나는 장관에게 그날 영국 함선이 코린토스 만을 방문해 메솔롱기 근처에서 예포를 쏘는 행사를 하는 것이 어떨지 청원을 냈다. 맥도널드 장관은 켈트인답게 낭만적인 심성을 갖고 있었다. 장관은 즉각 답변했다. "당연하오! 그러나 우리는 그보다 훨씬 더 많은 일을 해야 합니다. 더 많은 제안을 내보게."

장관의 답변에 용기백배해진 니컬슨은 전력을 다하자고 결의한다.

나는 흥분한 나머지 쇠뿔도 단김에 빼기로 했다. 마침내 우리 조상들이 저지른 과오를 바로잡을 수 있는 기회가 온 듯했다. 바이런의 사망 100주기는 우리의 부끄러운 과거를 청산하고 아량을 널리 알릴 좋은 기회였다.

공무로 단련된 나는 제안을 감정적 방식으로 작업하는 것이 힘들었다. 그래서 도식적으로 체계를 잡았고 내 제안을 문단 (I), (II), (III)으로 나누고 그 아래에 세부 항목은 (a), (b), (c)로 구분했다. 물론 수년이 지난 지라 빼앗아온 그리스 조각들을 파르테논 신전(테세우스 신전과 여성상, 메토프 조각)에 되돌려놓는 것이 힘들 수 있음을 인정한다. 그럼에도 나는 파르테논에 인접한 에레크테이온 신전에서 사라진 카리아티드를 테라코타 복제품으로 대신하고 있다는 사실을 지적했다.

그 사라진 조각상은 1800년 엘긴 경이 그리스에서 가져왔고 지금은 대영박물관에 있다는 사실을 아테네인과 아테네를 방문한 사람이라면 누구나 안다. 이 조각상을 돌려줘 제자리를 찾아준다면 그리스의 독립을 축하하는 영국의 아량을 보여주는 우호 제스처가 될 뿐 아니라 바이런 100주기 추모식에도 어울리는 기념이 될 것이라고 나는 믿었다. 그리고 또 다른 제안을 덧붙였다. 만약 박물관 담당자와 영국 국민이 이 카리아티드의 부재를 참을 수 있다면, 대영박물관 수장고에 보관되어 있는 열주와 기둥 또한 돌려주자는 제안을 더했다. 이것들이 대영박물관에 있다는 사실은 대중에게 공개되지 않았다. 에레크테이온 신전을 본 사람은 그 기둥의 결핍을 눈으로 확인할 수 있다.

맥도널드 장관은 개인적으로는 내 제안에 호의적이었다고, 나는 여전히 그렇게 믿는다. 장관은 언제나처럼 보일 듯 말 듯 친절한 태도로, 정치는 가능성의 예술인데 내 제안은 예술적이지도 실현 가능하지도 않다고 설명했다. 만약 우리가 기둥 하나를 돌려주면 카리아티드는 왜 돌려주지 않는지 반문할 것이고. 그리고 그 카리아티드를 돌려주면 편견이 심어져서 심지어 더 귀한 조각을 보유하는 것을 정당화할 수 없을 것이라고 말

| 에레크테이온 신전의 여상주들

했다. 나는 엘긴 경 시대 이후로 어떤 정당화도 통하지 않는다고 대답했
다. 장관은 자신의 백발을 살래살래 흔들면서 애석한 표정으로 나를 바라
보며 말했다. "자네가 잊은 게 있어. 이 아름다운 물건들이 영국에서 보
전되지 않았다면, 그리스 독립 전쟁에서 모두 파괴되고 말았을 것이네.'

그 문은 다시 한 번 닫혔고, 이렇듯 변명 거리 목록만 또 늘어났다. 니
컬슨이 지적하려 했던 대로, 엘긴 경의 손길을 피해 살아남은 조각들은
그리스 독립 전쟁에서도 살아남았다. 하지만 이 사실을 납득했어도 분명
히 또 다른 변명 거리를 찾아 만들었을 것이 분명하다. 당시 드러난 대로,

램지 맥도널드 장관은 커즌 경이 30년 전에 제안한 의견에서 전혀 달라진 게 없었다.

이 논쟁에 대한 니컬슨의 회고록은 또한 엘긴의 칙령 원본에 대해 내가 처음 찾아냈던 중요한 기록이라는 점에서 주목할 만하다. 그 칙령은 이탈리아어로 작성되었고, 엘긴 경은 다른 맥락에서 인정한 대로 칙령의 의미를 정확히 파악하지 못했다. 니컬슨은 지적한다.

> 그 칙령에서 엘긴이 승인받은 권한은 '신전의 신상', 곧 파르테논에서 *qualche pezzi di pietra*[85] 곧 돌 조각 몇 개를 떼어내는 자격이었다. 이 이탈리아 구절을 자유롭고 과하게 번역한다고 해도 배에 한가득 실을 분량의 조각과 기둥, 카리아티드로 해석할 수는 없는 노릇이다.

이탈리아 단어 'qualche'에 대한 '어떤some'과 '아무any' 사이의 뜻 구분은 램지 맥도널드 장관의 논의에서 길을 잃었다. 맥도널드에 대해 니컬슨같이 참을성 많은 이만이 '낭만적'이라고 묘사할 수 있을 것이다. 그리하여 '어떤 것'(아마도 카리아티드)을 반환하자는 니컬슨의 가벼운 제안조차 맥도널드에게는 '전부'를 반환하게 되는 악몽의 전주로 여겨졌는지 모르겠다. 이는 당신이 어디에 있는지 알기도 전에, 인도를 독립시킬지 질문을 받는 것이다. 이것은 영국 식민지가 그토록 두려워했던 '선례'와 마주

---

[85]   qualche는 이탈리아어로 '몇 개' 혹은 '소량'의 뜻.

한 처음도 마지막도 아니다.

니컬슨이 맥도닐드에게 쇄설하고 몇 년 후, 필립 사순 경[86]은 (아직 영국의 식민지이던) 인도에 갔다가 돌아오는 길에 아테네를 방문하게 된다. 사순은 이후 '백 투 더 월' 명령[87]으로 유명한 더글러스 헤이그 영국군 총사령관의 개인 비서를 지낸 바 있다(사순은 나중에 이 명령서 원본을 대영박물관에 기증했다). 사순은 내셔널 갤러리, 테이트 미술관, 월리스 컬렉션의 신탁 관리인으로서 런던의 여러 미술관 설립에 중추적인 역할을 했다. 그럼에도 그는—자신의 관심을 끈 또 다른 일—항공부 차관의 자격으로 "엘긴 경이 간과했던 아름답고 흥미로운 것들을 보기 위해 갔던" 아크로폴리스 방문기를 《타임스》에 기고했다.

베네치아 군대가 쏘아 올린 폭탄과 투르크인이 발사한 대포알 때문에 상당히 파괴되었음에도, 세계에서 가장 진귀한 대리석 조각상들은 파르테논의 숭고한 폐허와 아테네의 장엄한 분위기에 있는 게 블룸즈버리에 있는 것보다 훨씬 낫지 않을까 궁금해하는 자신을 발견했다.

니컬슨과 사순 같은 이들의 관점은 결코 영국 외무부나 정치계에서 주

---

86   Sir Philip Sassoon(1888~1939).

87   backs to the wall. 제1차 세계대전 때 프랑스 주둔 영국군 총사령관으로 복무하면서 1918년 4월 11일에 전군에 "최후의 1인까지 모두 현 위치를 사수하라. 후퇴는 없다. 배수의 진을 치고With our backs to the wall… 우리 모두 최후까지 싸워야 한다"라는 명령을 내렸다. 이 명령으로 엄청난 수의 영국군 희생자가 발생했다. 그럼에도 그는 이듬해 육군 원수로 진급했다.

류가 되지 못했다. 그리고 영국 정부에 속한 사람들 대부분은 그리스인들의 의견쯤은 무시해도 괜찮은 것으로 여기고 있었다. 그리스의 시인이자 소설가인 니코스 카잔차키스가 1939년 영국을 방문했을 때, 그는 자신의 영국 숭배로 되돌아온 것이 고대 그리스에 대한 모호하지만 진부한 동정심뿐이었음을 알지 못했다.[88] 그러나 이런 상황은 곧 극적인 변화를 맞는다. 카잔차키스가 영국을 방문한 지 2년이 안 되어 영국과 그리스는 히틀러 정부의 유럽 '신질서'[89] 구축에 대해 유럽에서 유일하게 저항하는 두 민주주의 국가로 남았다. 그리스령 남쪽 크레타 섬의 장대한 전투, 영국군 파견, 그리스 국민들의 용맹성은 여전히 생존자들의 뇌리에 선명한 기억으로 남아 있으며, 유럽에서 벌어진 전쟁과 관련해 몇몇 영국 문학에 영감을 주었다(패트릭 리 퍼머[90], 나이절 클라이브[91], 니컬러스 해먼드[92], C. M. 우드하우스 등을 발군의 작가로 들 수 있을지 모르겠다).

영국 정부가 의회의 질의를 숙고하느라 절망적으로 몸부림치던 중대한 시기였다. 1941년 1월 23일 보수당인 토리당 소속의 셀마 카잘레 하

---

88 《영국 기행》, 이종인 옮김, 열린책들, 2008.

89 히틀러는 1941년 베를린을 중심으로, 러시아를 식민지로 구축하는 유럽의 신질서 계획을 선언했다.

90 Patrick Leigh Fermor(1915~2011). 독일군에게 점령된 크레타 섬에서 섬 주민들의 도움을 받아 저항운동을 조직했고, 이후 여행기 《그리스의 끝 마니》 등을 썼다.

91 Nigel Clive(1917~2001). 1943년 영국군으로서 독일군이 점령 중이던 크레타 전투에 참가해 저항운동을 도왔다. 1985년에 당시의 경험을 담아 《그리스에서의 경험, 1943~1948》을 발표했다.

92 N. G. L. Hammond(1907~2001). 고대 그리스학 연구자이자 저자. 1983년에 크레타 전투 복무에 대한 회고록을 썼다.

원의원 곧 셀마 카잘레-키어[93]가 상정한 질의는 의회 의사록에 이렇게 기록되어 있다.

그리스 (엘긴 마블스)
카잘레 의원이 수상에게 영국이 엘긴 마블스를 반환함으로써 그리스 인들의 문명에 대한 견지를 인정하고 오랜 적대 관계를 종식하는 법안을 도입할 것인지 여부를 질문했다.

만약 처칠 내각의 국새상서國璽尙書이자 부수상이던 클레멘트 애틀리가 지루한 답변을 시작했다면 더 많은 생각이 분명해졌을 수도 있다. 애틀리는 기립해서 "국왕 폐하의 정부는 그런 목적의 입법안을 도입할 준비가 되어 있지 않습니다"라고 발언했다.

학자와 연구자라면 영국 외무부가 얼마나 문서를 엄중히 보호하는지 너무나 잘 알 것이다. 그러나 30년 비공개 원칙을 엄수한 뒤 런던 대학교의 고전학 전공 명예교수 로버트 브라우닝의 노력에 힘입어, 당시 외무부가 정통한 의견 자문을 구하기 위해 질의를 연기해달라고 카잘레 의원에게 요청했지만, 결국 긍정적인 답변을 하지 못했다는 사실을 알게 되었다.

93　Thelma Cazalet-Keir(1899~1989).

당시 코톨드 미술 연구소[94] 사서이던 E. 웰스퍼드는 외무부의 요청에 이렇게 대답했다. "여러 교수들과 상의한 바로는, 비바람에 노출되지 않는다면 학계는 엘긴 마블스를 그리스로 반환해도 상황이 악화되지 않으리라는 데 동의했습니다." 웰스퍼드는 덧붙이기를, "만일 그 조각상이 그리스로 돌아간다면, 조각상만을 위한 전용 박물관이 세워져야 할 것입니다".(이 주장은 현재 그리스 정부의 주장과 정확히 일치한다.)

대영박물관은 입장을 밝혀야 했기에 자세한 제안서를 썼다. 이 제안서는 역사적 검토, 법적 검토, 윤리적 검토, 현실적 검토라는 표제 항목으로 작성되었다. 그중 역사적 검토 부분이 가장 취약했는데, 엘긴이 하지 않은 주장까지 포함되기도 했다. 이를테면 철거하기 전에 "그것(조각상) 대부분은 이미 바닥에 누워 있었다"라는 등. 이것은 심지어 대영박물관이 직접 작성한 《역사 가이드북》의 내용과도 모순되었다. 가이드북은 "조각 작품 대부분을 그 건축물 몸체에서 떼어냈다"라는 사실을 숨김없이 밝히고 있다.

법적 검토 부분에서는 반환하려면 의회에서 입법이 이루어져야 한다는 점을 분명히 밝힌다. 이는 카잘레 의원이 이미 질의 때 요구했던 내용이다. 가장 흥미로운 것은 윤리적 검토 부분으로, "그리스인은 자신들의 국가 유산을 투르크 압제 하에서 강탈당했다고 생각한다"라는 사실을 인정하고 나서 의견을 개진한다. "요점은 아테네 아크로폴리스야말로 그리

---

94 Courtauld Institute. 런던 대학교가 창설한 미술사 전문 연구소.

스에서 가장 위대한 기념물이며, 이 대리석 조각상이 속해 있던 건축물들이 여전히 그곳에 서 있거나 재건되었다는 사실이다."

반환 찬성론자 누구도 이보다 더욱 유려하고 깔끔하게 정황을 요약하기는 힘들 것이다. 이것을 감지한 듯 대영박물관은 유별나게 반대하며 제안서를 마무리했다. "이런 식의 후원이 그리스인의 자존심을 침해할지도 모르니 … 권리가 아니라 호의로 반환할 것을 제안하는 바이다." 마침내, 그리고 "책임감 있고 정통한 의견을 가진 대다수의 사람들"의 가장 깊은 내면으로부터 그리스인의 견해가 견실하고 논리적임을 시인하는 말이 흘러나왔다. 이것을 돌이켜볼 때, 파르테논 조각상의 반환이 '호의'인지 '권리'인지의 여부는 그리스인 스스로 판단하게 두었다면 훨씬 더 괜찮을 뻔했다.

해럴드 니컬슨의 광채가 사라진 외무부 그리스 담당 부서에서 반환에 대한 찬반을 정리하는 업무는 W. L. C. 나이트에게 떨어졌다. 나이트는 영국과 "그리스의 특수한 관계"에 주목했고, 의회의 질의가 재개되자 반환을 찬성하는 매우 감정적인 편지를 《타임스》에 보냈다. 그러나 시기가 시의적절한지 의문을 표했다. 나이트는 전쟁이 끝나 더 안전하게 운송할 수 있을 때가 더 낫다고 느꼈다. "그래야 그리스인의 애국심—짧게 키프러스에 관해 다루며—에 가장 잘 다가갈 수 있는 방식으로 영국과 그리스의 우호 관계를 완성하고 협력할 수 있을 것이다." 나이트는 의도하지 않았지만 놀스와 카바피의 논쟁을 상기시키면서 결론을 맺었다. "이 증여가 완벽하고 또 완벽히 받아들일 수 있으려면 파르테논 프리즈와 더불어 엘긴 마블스의 일부인 에레크테이온 카리아티드 및 기둥도 포함되어야 한다.”

나이트의 제안서는 직속상관인 제임스 바우커의 의견이 첨부되어 상부로 올라갔다. 바우커는 당시 남동유럽 지역 부책임자로서 이렇게 썼다.

나이트가 제안서에 열거한 대로 모든 것은 어떤 조건으로 엘긴 마블스를 반환하는가 하는 원칙을 결정하는 것으로 모아진다. 이 제안서가 완벽해지도록 본인은 권고안을 첨부해야 한다고 생각하고 …

권고안. 이런 게 빠지면 영국인답다고 할 수 없겠지. 카잘레 의원의 질의에 대해 나이트는 다음과 같이 썼다.

지금이 과거에 많은 논란을 일으켰던 주제를 최종 결정하기에 적절한 시점이라는 의미에서다. 다만 국왕 폐하의 정부가 그 문제를 사려 깊고 호의적으로 숙고하리라 생각한다.

바우커가 이후 덧붙인 의견은 모두, 실제로는 그런 ‘원칙적인 결정’이라는 생각을 조금은 희석하는 듯하다. 그럼에도 그는 그 제안을 고수했고 이렇게 제안했다.

아테네에 있는 국왕 폐하의 장관이 내놓은 견해를 따라, 그리스에 엘긴 마블스를 원칙적으로 반환하는 결정을 내려야 하고, 여기에는 에레크테이온의 카리아티드와 기둥이 포함되어야 하고 조건은 다음과 같다.

a. 조각상 반환 결정은 그리스에게 우호를 표하는 성격으로, 결코 고대 유물이 원위치로 돌아가야 한다는 원칙을 승인한 것에 근거하지 않음을 분명하게 해야 한다.
b. 조각상은 종전까지는 반환이 불가하다.
c. 반환되기 전에 합당한 건물과 전시하고 보존할 설비를 갖추어야 한다.
d. 영국 국왕 폐하의 정부는 그리스가 이 조각상을 보존할 수 있는 설비를 갖춘 것에 영구적으로 관여하는 것으로서 보증할 수 있어야 한다.

사람들은 이렇게 내민 성배가 반이 찬 것인지 아니면 반이 빈 것인지 분명하게 파악할 수 있다. 카잘레 의원의 질의는 조각상 반환을 "적대 관계의 종결"로 명시했기 때문에, 이는 엄밀하게 해석하면 앞에서 바우커의 b 조항과 부딪쳤을 리 없다. 그러나 이 조각상은 유일무이하고 다른 선례가 될 수 없다는 첫 번째 조항을 비롯해 다른 조항들은 결코 반환 논쟁에서 계속해서 등장했다. d 조항은 당시에도, 현재도, 앞으로도 장애가 결코 되지 않을 것 같다.

그럼에도 종합하면, 바우커가 상대적으로 '원칙'과 '조건'을 강조한 것은 관료다운 접근 방식이었다. 어느 시점에 그는 불완전한 반환은 납득할 수 없다고 암시함으로써 (대영박물관이 하듯) 최선을 선善의 반대말로 만든다. "모든 것은 어떤 조건으로 엘긴 마블스를 반환할 것인가 하는 원칙을 결정하는 것으로 모아진다"라는 주장으로 시작해, 온갖 조건과 지연 사유를 들어 이 원칙의 실행을 무기한으로 미뤄버리는 효과가 있는 말로 마무리한 바우커의 말에는 불합리한 가정 같은 게 보인다. 이것은 "사려 깊고 호의적인 숙고"와 마찬가지로 외무부 전략으로서 낯설지 않다. 그럼에도, 그 논쟁의 주요 쟁점이 1941년 결의안에 근접했다는 사실을 주목할 만하다. 외무부의 일부는 심지어 국왕 폐하 정부의 입장이 더 대담해질 수 있다고 느꼈다. 예를 들어, 부차관 옴 사전트 경은 d 조항을 공동 관리에 영향을 주는 것으로 반대했다. "이것은 이러한 효력에 대한 제공이 그리스인으로부터 동시에 왔다면 옳을 수 있지만, 우리가 그것을 요구하는 것은 분명 그리스의 '자부심*amour propre*'을 어긋나게 할 것이고 그 선물에 대한 심리적 가치 상당 부분을 무효로 만들 것이다"라고 그는 썼다.

영국 관료들이 영국과 그리스가 생존 전쟁을 하는 와중에도 이렇듯 이 문제에 대해 자세하고 이성적인 토론을 이어갔다는 사실이 기이하고 어느 면에서 대단하다. 그리고 오늘날 논쟁의 쟁점 대다수가 1941년에 이미 등장했다는 사실을 알게 되니 흥미롭다. 사실, 영국 외무부와 대영박물관은 그해에 파르테논 조각상에 대한 자신들의 주요한 도덕적 논거를 비밀리에 포기했다. 단지 젠체하는 구절들을 집어넣어서 그 문제에 대한 전략적이고 정당화된 연기를 무기한 보류로 바꾸었다. W. L. C. 나이트는 애틀리 수상의 냉담한 답변에서 이러한 뉘앙스를 간파하고는 동료에게 의기소침해져서 다음과 같이 말했다. "이런 상황에서, 그리고 이 주제에 대한 그리스의 감정 상태를 고려할 때 이 문제에 대해 입을 다무는 게 바람직할 듯해."

외무부는 이러한 신선하지 못한 결론을 내면서 잘못을 바로잡고 연대감을 표할 기회 둘 다를 잃어버렸다는 안타까운 생각을 피하기는 힘들다. 그러나 다행히도 오늘날의 논쟁에서 부각되는 한 가지 논점만큼은 피해갈 수 있었다. 적어도 상원이나 외무부의 그 누구도 일어나서 그리스 국민이 "진짜 그리스인이 아니다"라고 말하지는 않았다(제임스 놀스는 1891년 그리스인들을 "고대 그리스 유적에서 현재 살고 있는 소수의 혼혈족"이라고 불렀다). 이 이후로 이 악의적 주장이 1941년에 그리스의 저항 때문에 자제되었던 것이다.

1943년 3월 10일 그리스계 미국인 유력자들과의 모임에서 소개를 받은 프랭클린 델러노 루스벨트 대통령은 그 모임의 회장인 조지 부르나스에게 갑작스레 질문을 던졌다. "조지, 엘긴 조각상에 대해 뭐 아는 게 있습니까?" 부르나스는 엘긴 경이 떼어낸 조각들을 실은 배가 "폭풍우 때문에" 상당수가 지중해에 가라앉았다는 정도를 안다고 대답했다. 그러자 루스벨트는 "그 정도는 고등학생도 아는 것 아닙니까. 내가 알고 싶은 것은 그 조각상들이 원래 자리했던 기초들이 존재한다면 … 나폴레옹이 러시아와 이탈리아에 가서 미술 작품들을 훔쳐냈고, 괴링은 네덜란드에서 미술 작품을 도둑질했습니다. 평화 회담에서 이 모든 도둑맞은 자산들을 돌려놓는 문제를 제기하는 것이 정당하고 적절할 것입니다"라고 말했다.

루스벨트는 만일 그 조각상들을 원래의 플린스[95] 위에 다시 올려놓을 수 없다면 반환에 대한 열정이 식을 것이라고 말했다. 대리석 조각이 돌아가야 할 엔타블러처가 훼손된 것은 그리스인의 잘못이 아니고, 이 사실을 몰랐던 루스벨트의 잘못도 아니었다. 그리스인이 전쟁에서 떨친 무용武勇에 감탄했던 이들처럼, 루스벨트는 이 사건에서 반환에 호의를 가졌고, 원칙적으로 ….

전쟁이 끝난 직후에, 영국의 여론은 지난 수십 년의 상황과 마찬가지로 반환 문제에 대해 똑같은 상승과 하강이 이어졌다. "사려 깊고 호의적인 숙고"를 확신하던 외무부는 한동안 등장하지 않았다. 1961년 5월 9일 해럴드 맥밀런 수상[96]이 그 문제에 대해 답변하면서 논쟁은 다시 수면 위로 올라왔다. 아테네에 조각을 되돌려줄 시기가 아직 오지 않았느냐는 하원의 질의에 대해 맥밀런 수상은 즉답을 피했다.

이는 상당히 복잡한 질문이어서 엄청난 고민 없이는 답할 수 없습니다 … 여기에 문제점이 있습니다. 저는 그것을 제 머리에서 떨쳐내지 못하겠지만, 그것은 중요한 질문을 제기하고 제 생각에 입법 절차가 필요할 것입니다.

수상은 1941년에 이전 정부, 곧 외무부가 도달했던 위치에서 몇 발자

---

95 plinth. 기둥 또는 벽체 하부에 놓는 주경柱徑 또는 벽 두께보다 큰 판돌.
96 Harold MacMillan. 재위 1957~1963년.

국 뒤로 물러나 훨씬 더 신중하게 사태를 관망했다. 그는 적어도 '입법 절차'—정확히 요구되는 것인—라는 단순한 단어가 위협이나 끔찍한 날조처럼 들리지 않게 했다. 결국에 입법이 청구되지 않으면, 우선 수상의 '퀘스천 타임'이나 하원에 사안으로 제기되지 않곤 한다.

다음 날, 맥밀런 수상의 회피성 답변을 잘못 해독한 《타임스》지는 대단히 논쟁을 잘못하는 지도자라고 평했다. 제목이 '돈을 내고 구입하다'(누군가는 동의어 반복으로 생각할 수 있고, 다른 누군가는 불편한 양심을 드러내는 것으로 의심할 수도 있다)이던 사설은 "그것을 제 머리에서 떨쳐내지" 못한 맥밀런 수상의 미적거림에 대해 조롱했고 "그가 빨리 할수록 더 좋다"라고 호통쳤다. 또한 《타임스》는 조각상을 구입해서 취득했다는 엘긴 경의 정직성에 대한 문제이고 "그의 주된 동기는 조각상의 보전"이었다고 말했다. 이 책을 여기까지 읽은 독자들이라면 아마도 그것이 정직한지 알아챘을 것이다.

맥밀런 수상이나 그의 "엄청난 고민"에 대한 소식은 더 이상 들리지 않았다(게다가 "사려 깊고 호의적인"을 강조하는 걸 잊었으나, 그렇지 않았다면 관습을 지켰던 것이다).

1960년대에 이 논쟁에 매우 특이한 인물이 합류하게 되는데 소설가이자 에세이 작가인 콜린 매킨스이다. 그는 당시 몇몇 매스컴에서 엘긴 마블스에 대해 산발적으로 게릴라전을 벌였다. 그중 하나가 〈'엘긴' 대리석상〉이라는 제목의 글로 《뉴 소사이어티》 1963년 1월 호에 실렸다. 친구이자 회고록 작가인 레이 고슬링은 매킨스가 엘긴 마블스에 관한 다른 글들을 택시나 그리스 음식 레스토랑에서 사람들이 보게끔 했다고 회상하지만, 이 기사는《철부지들》의 작가 매킨스가 직접 우리에게 전해준 것이다. 매킨스는 '선례'가 될 수 있다는 반대파의 진부한 근거에 이렇게 응대했다.

지금 대영박물관은 아마도 (짐작컨대, 그 주제로 최근 하원에서 논쟁이 벌어진 후 사무총장이 사용했던) 그 결정적인 논쟁에 매달리는데, 이는 "만약 외국의 유적 전부를 원위치로 돌려놓는다면, 더 이상 박물관은 존속하지 못할 것이다"라는 주장이다.

이는 참으로 오래된 논점 회피일 뿐이고, 나는 큐레이터들이 '우리가 가진 것은 우리가 유치한다'라고 말하고 그쯤에서 그만둘 용기를 내기를 바란다. 한 나라의 예술 작품이 다른 나라의 박물관에 가 있는 이유가 다음의 세 조건 아래라서 반대할 수 없기 때문에 논쟁을 회피하는 것이다.

1. 만약 그와 같은 예술품이 도처에 널렸다면. 아무도 (상상컨대, 가말 압델 나세르 이집트 대통령[97]조차) 세계 도처에 미라의 관들이 있다면 이집트로 돌려달라고 제안하지 않을 것이다.
2. 만약 그 예술 작품들을 원래 창조한 민족이 더 이상 생존하지 않는

97　Gamal Abdel Nasser(1918~1970). 제2대 이집트 대통령(1956~1970).

다면. 예를 들어, 고대 바빌로니아 유적[98]을 이라크로 옮기라는 주장은 없을 것이다.

3. 만약 그 예술 작품의 원 창조자의 현재 후예들이 돌볼 능력이 없다면. 이스터 섬에서 가져온 조각들의 경우 원래 있던 장소로 돌려보내는 것보다는 대영박물관에서 보관하는 것이 훨씬 좋은 방법일 것이다.

I 칠레의 이스터 섬에서 들고 온 모아이Moai

매킨스는 말한다. "이제 대영박물관의 필사적인 논쟁이 어떻게 붕괴되는지를 알 수 있다. 다시 말해 이 순진한 세 가지 범주로 소장품 대부분, 심지어 정직하지 못하게 취득한 것들조차 덮으려 한다. 하지만 이렇듯 변명으로 내건 조건이 전혀 통하지 않는 예술 작품을 고려할 때, 우리는 파르테논 조각상들이 가장 민감한 사례임을 알아야 한다."

---

98 메소포타미아 남동쪽의 고대 왕국으로, 서기전 20세기부터 서기 530년까지 존속되었으며, 함무라비 법전 등을 남기며 수준 높은 문명을 이루었다.

매킨스는 체면을 손상하지 않는 해결책으로서 레인 컬렉션의 '선례'를 제시했다. "법률적인 속임수로 우리 영국인들은 오랫동안 휴 레인 경이 더블린에 증여한 그림들을 걸어놓을 수 있었다. 교활한 방편(그리고, 영국인들!)이 그 그림들을 영구적으로 대여하자는 생각은 어떤 자애로운 머리에서 떠올랐다. 우리는 언젠가 비슷한 전략을 써서 그리스인들에게 그들의 자산을 돌려주고서, 그것을 돌려달라는 요청을 잊을 수 있을까?"

매킨스의 다음 마지막 메시지는 다른 많은 이들에게 지속적으로 인용되고 있다.

국가적 차원에서 전혀 관심이 없고, 개인적 차원에서도 별로 관심을 기울이지 않는다. 그러나 나는 우리 국민이 이성적으로 보이지 않을지라도 궁극적으로 지켜내야 할 품위가 있다고 믿는다. 그런데, 나조차 이 옳은 일이 실행될 것이라는 기대를 갖기 힘든 이유는 우리 영국인들이 아무리 좋은 의도에서 시작한 일이라도 너무 늦기 전에 끝내지 못하기 때문일 것이다.

매킨스는 "그리스 시민은 파르테논 조각상에 대해 진심으로 염려하고 있으며, 아크로폴리스로 돌아오기를 고대한다"라는 자신의 가설을 시험하기 위해 아테네를 방문하고 놀라운 반응을 접하게 된다.

그리스에서 만난 사람들은 단 한 명 예외 없이 친절했고, 또한 예외 없이 견고한 자세로 이 문제의 실체가 도덕적 범죄라는 사실을 지적하였으며, 파르테논 조각상이 원래 있던 곳으로 돌아오지 못하고 있는 상황을 깊이 염려하고 있었다. 너무나 놀랐던 사실은 단 한 사람도 이 문제에 대해 깊이 있게 이해하지 못하는 사람이 없었으며, 또한 큰 문제가 아니라는 식의 태도를 가진 사람도 없었다는 것이다.

그는 아테네에서 경제적, 사회적으로 다양한 스펙트럼의 수많은 사람들을 만나보았다. 조각상을 소개하는 대영박물관의 안내 엽서를 들고서 매킨스는 피레우스 바닷가에서 많은 사람들을 만났다.

나는 사람들이 우조[99]를 마신 후에도 파르테논 신전 사진들을 인식하는지를 알아보기 위해 한 선술집을 찾았다. 사진엽서를 늘어놓는 내 모습을 보고 사람들은 일반 관광객이 아니라 엽서를 팔러 온 사람으로 여겼다. 그래서 이번에는 술집 탁자에 엽서를 흩뜨려서 놓고서는 고향으로 메시지를 보내려는 사람인 양 행세했다.

조금 이상한 실험이기는 했지만 취객들 대부분이 사진들을 단번에 알아보았다는 사실을 기록하지 않을 수 없다. (사람들은 사진을 서로 돌려보았다.) 수많은 사례를 통해 심지어는 술집 파리까지도 이 조각상이 영국에 옮겨졌다는 사실을 알고 있음을 깨달았다.

---

99 Ouzo, 그리스 술.

견주기를 좋아했던 매킨스는 장난스러운 연구에서 방향을 바꿔 나중에 노벨문학상을 수상한 시인 오디세우스 엘리티스를 찾아간다. 엘리티스는 그에게 말했다.

대영박물관에서 그 조각상을 보았을 때 나는 광적인 애국주의적인 감상에 빠지지는 않았지만 마치 추방당한 사람을 만난 것과 같은 쓸쓸함을 느꼈다.

조도, 습도가 적절해도 그것들은 노랗게 빛이 바래 있었다. 그러나 언젠가 그것들이 원래의 자리로 돌아가게 된다면 태양이 그들의 원래 빛깔을 되돌려놓으리라는 믿음이 생겼다.

800만 국민 모두가 이 문제를 심각하게 생각하고 있다고 말하지는 못하겠지만, 교육을 많이 받은 사람이건 단순한 사람이건 관계없이 우리 대부분은 이 문제를 심각하게 받아들이고 있다고 확신한다. 이는 미학적인 문제일 뿐만 아니라 윤리적인 문제다. 물론 영국 정부가 이를 쉽게 받아들이지는 않겠지만, 이를 인정하는 것이 세계 모든 예술의 승리가 될 것이다.

"적어도 에레크테이온의 카리아티드와 기둥을 돌려줌으로써 우리는 그 작업을 시작할 수 있을 것이다"라고 매킨스는 제안했다. "왜냐하면 이것들을 제거하는 과정에서 파르테논의 신성한 신전과의 유기적인 결합이 모두 망가지고 말았기 때문이다." 엘리티스와의 대화를 제외하면 매킨스는 파르테논 조각상의 전체적인 반환보다는 영국의 이타적 행위에 더 강조점을 두고 싶어 했다. 또 한편으로는 국가적 망신이 될 수도 있는 조각상의 보존 상태에 대한 언급도 잊지 않았다.

계급과 학식을 불문하고 그리스인 대부분이 조각상의 반환에 촉각을 곤두세웠지만, 또 이에 대한 찬반 논쟁이 영국을 한참이나 달구었지만, 1960년대와 1970년대에 접어들면서 조각상을 둘러싼 논쟁은 침체기를 겪었다. 이 논쟁이 이렇게까지 관심 밖으로 밀려난 적이 없었지만, 관심 밖이었던 이유에 대해 고민할 필요는 없다. 1967년에서 1974년까지 그리스가 국제사회에서 고립무원이었던 상황이 유력한 원인으로 작용했을 것이다. 당시 그리스는 파시즘 정권 아래서 많은 학자와 교사가 투옥되거나 저술 활동을 할 수 없는 상황에 처했다. 그 결과 서방의 고대 그리스·로마 연구가와 친그리스주의자—그중에는 모리스 바우라 경도 포함된다—가 공식, 비공식 활동을 그만두었고 자연히 외부로부터의 지원도 끊겼다. 게다가 군부는 서방 지원의 중요성을 간파하고 있었다. 기록에 따르면, 그나마 얼마 안 되는 외부 지원의 25퍼센트가 영국 정부, 곧 노동당과 보수당으로부터 받은 것이었다(부끄러운 역사로 보는 이들도 있을 것이다.) 철모와 선글라스를 쓴 사람들과의 문화적 교류가 순조롭지 않던 시대였고, 그들 또한 자신들의 운을 과신했던 시대였다. 무언의 모라토리엄이 문제를 일으켰다.

1974년, 마침내 그리스에 민주주의가 회복되고, 1981년 그리스와 유럽 커뮤니티 사이에 정치·문화적 교류가 재개되면서 조각상을 둘러싼 논의도 새로운 추진력을 얻게 된다. 이 논쟁의 역사는 깊지만, 멜리나 메르쿠리가 새로 선출된 안드레아스 파판드레우 그리스사회주의운동당 내각의 문화부 장관으로 이름을 알리기 시작하면서부터 그제야 영국인들이 이 논쟁을 다시 인식하게 되었을 것이다. 약 두 세기 동안 지속된, 조각상을 둘러싼 주장과 논리에 메르쿠리 여사가 새롭게 기여한 바는 사실상 거의 없다. 그러나 아마도 처음일 텐데 전 세계적인 주목을 끌어낸 것은 모두 그녀 덕분이다.

1982년 8월 메르쿠리 여사는 멕시코시티에서 유네스코 지원으로 개최된 문화부 장관 회의에 청원서를 제출했다(영국이 이 국제조직에서 성급하게 철수한 것이 미국의 선두를 따르려는 대처 수상의 분명한 의지에 의해서 발단되었는지 궁금해하는 사람들이 있다). 그해 여름 영국인 건축가 제임스 큐빗과 그리스에서 태어난 아내 엘레니, 극작가 브라이언 클라크, 존 굴드 교수 등이 그리스 에비아 섬에서 휴가를 보냈다. 그들은 오랫동안 대영박물관의 정책에 반대한 영국인들의 견해를 모아 위원회를 결성하기로 했다. 런던으로 돌아간 그들은 BBC와의 인터뷰에서 비슷한 심정을 토로한 로버트 브라우닝 교수와 뜻을 함께한다. 얼마 뒤 그들은 각종 신문 편집자와 칼럼니스트, 당파를 초월한 정치인들, 라디오와 TV (그리고 대학) 토론회 등의 관심을 끌었다. 그사이 영국의 각종 포럼에서 이 이슈는 빠지지 않고 다루어졌다. 반대하던 고위급 정치인은 물론이고 내각에서도 이제 반환할 때가 됐다는 견해를 표명하는 이들이 생겼다. 다시는 이 논쟁이 수그러들지 않을 듯이 보였다.

다음은 차이는 있을지 몰라도 국회 질의 같은 데서 벌어진 논쟁의 역사를 내가 만들 수 있는 최대한, 지금의 실제적인 단계까지 포함해 요약한 것이다. 이 내용이 타당하다는 사실은 이미 역사가 증명했다.

1. 논의는 단지 그리스와 영국 사이에만 국한된 것이 아니며, 논의 당사자도 결코 양국 정부나 양국 국민에 국한되지 않는다. 영국 예술계와 문학계, 정치계의 주된 견해는 늘 파르테논에서 조각상이 분리된 것에 반대해왔으며, 서로 대화를 나누었을 때 그리스 정부와 국민들의 주된 견해도 처음부터 반대로 일관되었다는 것이다.

2. 영국 정부와 대영박물관은 모두 다양한 방식과 여러 경우를 통해, 특히 1941년에는 그리스의 사례(및 영국 내 비평을 둘러싼 다양한 사례)가 최소한 자연적 정의의 관점에서 상당히 중요함을 인정하였다.

3. 기술적 이유든 정치적 이유든, 아니면 법적 이유든 반대가 있어왔음에는 논쟁의 여지가 없다. 사실 간단한 법안 하나만 통과되면 이것들은 단박에 해결될 것이며 쟁점도 사라질 것이다.

4. 반환하자는 주장은 본질적으로는 늘 같았으나 보유하자는 주장은 여러 차례 변화해왔으며, 두 주장 다 박물관 신탁 관리인이나 당시 정부의 일시적인 편의를 도모한 것이었다. 한 예로, 아테네의 오염에 관한 논쟁은 유럽 국가의 정부들이 대기오염을 걱정하기 시작한 1970년대 전까지는 없었던 것이다.(이는 다음 항목과도 관련된다.)

5. 그리스의 주장은 긴 시간 초당적인 문제로 굳어져왔다. 이처럼 특정 당파나 정치가에게 '이용된' 제안은 거짓과 호도에 지나지 않는다.

두 번째 논쟁, 영국에 두는 게 더 낫다

파르테논 조각 반환을 반대하는 이들의 논거는 오랫동안 변신에 변신을 거듭했다. 여기에 대응하려면 히드라[100] 사냥꾼처럼 상당한 민첩성과 노련함이 필요하다. 슬쩍 화제를 돌리는 보유 지지론자들의 성향을 고려하면, 이들의 논거는 다음 명제의 몇 가지 또는 전부를 돌려가며 쓰는 게 분명하다.

1. 이 조각들을 떼어내서 영국으로 가져온 것은 예술과 고전학 연구에 크나큰 축복이었다.
2. 이 조각들은 아테네가 아니라 런던에 있었기에 온전했다.
3. 이 조각들은 아테네보다 런던에 있어야 더 안전하다.
4. 엘긴 경은 문화재를 보전하겠다는 심정에서 조각을 떼어냈다.
5. 이 조각의 반환은 주요 박물관과 컬렉션을 절멸하는 선례로 남을 것이다.

100 hydra. 목이 9개인 그리스 신화 속의 괴물.

6. 현대 그리스인은 진짜 그리스인이 아니므로 페리클레스나 페이디아
   스의 조각에 대해 자연적 권리든 무엇이든 요구할 자격이 없다.

논쟁이 뜨거운 것부터 순서대로 살펴보자.

1. 이 조각들을 떼어내서 영국으로 가져온 것은 예술과 고전학 연
구에 크나큰 축복이었다.

파르테논 조각에 대하여 엄청난 기대감, 곧 본보기로서 엄청난 영향력
을 발휘할 것이라는 기대감이 부풀어 올랐다. 이런 과장된 기대는 엘긴의
서신 전부와 하원 특별위원회가 매입을 심의하는 과정에서 여실히 드러
난다. 엘긴이 이 조각들을 국가에 매각해 이득을 얻지 못하게 막을 수 있
었던 사람들도 이 열풍에 감염되었다. 윌리엄 해즐릿[101]은 주간지《이그
재미너》1816년 6월 16일 자에 이 조각들이 "대자로 뻗어 허우적거리다
가 숨을 헐떡이고 쇠약해져 재미없어지고 실패로 끝난 … 순수예술을 허
영과 가식의 연옥에서 건져 올려"주기를 바라는 심정을 표현했다.
   무리한 요구였다. 그러나 이 조각 컬렉션에 대한 화가 벤저민 로버트
헤이든의 사랑에는 가식이 없었다. 그의 드로잉은 독일의 바이마르까지

---

101 William Hazlitt(1778~1830). 비평가이자 수필가.

건너가서, 아테네에 가느니 런던
에 가라고 독일 학자들에게 당부
한 괴테의 집을 장식했다. 저명한
시인 펠리샤 히먼스[102]는 널리 사
랑받은 자신의 시 〈현대 그리스〉에
서 그해 1816년을 꼭 집어 물었다.

| 헤이든의 〈셸레네 여신의 말머리 조각상〉 드로잉

그리고 이 조각들에서 잡아낸 불꽃이 얼마나 순수하고, 얼마나 환히
서방 세계를 비출지 그 누가 말할 수 있을까?
어느 영국인 안젤로가 명성을 얻어서,
이 자유의 섬나라에 예술의 빛줄기를 잠들게 할 수 있을는지.

헤이든은 1816년을 두고 "민심이 모였던 시대였다"라고 말하는 지경
까지 갔다. 이 말은 사건을 사실대로 서술했다기보다 놀랍도록 맹목적인
희망을 이야기했다. 그런데 그 결실의 증거들은 아직 있을까?
'페이디아스 효과'라고 명명할 만한 자취들이 영국 제도 전역에서 발견
된다. 에든버러를 찾은 여행객은 웨이벌리 기차역에서 프린세스가 쪽으
로 가는 도중 시야에 들어오는 도시 동쪽의 스카이라인을 이루는 거대한
기둥들의 정체가 궁금할지도 모르겠다(어릴 적의 나는 궁금했다). 그 기둥

---

102 Felicia Dorothea Hemans(1793~1835).

나폴레옹과 용감하게 싸워 이긴 영웅들을 기리는 웰링턴 개선문

들은 사실 나폴레옹과의 전쟁에서 용맹하게 싸운 스코틀랜드 영웅들을 기리기 위한 기념비로서, 파르테논 신전을 실물과 똑같은 규모로 재현하자는 엘긴 경의 제안에서 살아남은 것이다. 엘긴의 다른 이력들과 마찬가지로, 이 프로젝트 역시 자금 부족으로 좌초되었다. 하지만 칼튼 힐에 위치하는 바람에 에든버러에서 스스로를 '북부 영국의 아테네'라고 주장하는지도 모르겠다. 의회 의사당을 그리스풍으로 새로 설계하자는 엘긴의 제안 역시 묵살되었는데, 이번에는 재정적인 문제가 이유는 아니었다.

그럼에도 파르테논 신전 프리즈는 전체든 부분이든 엘긴 덕분에 영국 건축과 디자인에서 익숙한 요소가 되었다. 건축가이자 정원 설계가인 데시무스 버튼[103]이 설계한 애서니엄 클럽[104](영국에서 여성 혐오증이 가장 심한 탁아소를 아테나 여신으로 장식해 웃음을 주다니, 가히 모더니즘적이라 할 만한다)과 하이드 파크 개선문에도 파르테논 프리즈 조각이 보인다. 셀레

---

103 Decimus Burton(1800~1881).

104 Athenaeum Club. 1824년 설립된 런던의 유명 사교 클럽으로, 원래는 남성 전용 클럽이었으나 2002년부터 여성을 회원으로 받아들였다.

| 데시무스 버턴이 설계한 애서니엄 클럽

네의 유명한 말머리 조각상은 조각가 윌리엄 티드[105]에 의해 버킹엄 궁전 로열 무스[106] 페디먼트와 세인트폴 대성당 안의 윌리엄 폰슨비 경[107]의 기념비에 포함되었다. 워털루 전투에서 승리한 때와 이 조각상의 취득 시기가 일치한 것은 버킹엄 궁전 정원에 놓인 워털루 기념 화병과 피스트루치가 제작한 기념 메달[108]에서 확인되는데, 이 두 개에는 파르테논 프리즈

105 William Theed(1764~1817).

106 Royal Mews. 왕립 마구간. 조지 4세 이래 역대 국왕들의 대관식에 사용되었던 명품 마차가 있는 전시관으로 현재 건물은 건축가 존 내시John Nash가 설계했고 1825년에 완공되었다.

107 Sr. William Ponsonby. 영국군 장군으로서 반도전쟁(1808~1814)에 참전했고 1815년 워털루 전투에서 사망했다.

108 워털루 전쟁 기념 메달 중 하나로, 영국 왕립 조폐국에서 동전 주조를 위한 형판을 제작하던 베네데토 피스트루치Benedetto Pistrucci(1783~1855)가 30년 걸려 제작했다.

| 셀레네의 말머리 조각상을 본뜬 왕립 마구간 로열 무스의 페디먼트

의 기마병이 새겨져 있다. 건축가 존 손 경[109]은 자신이 설계한 건축물에 카리아티드를 활용했고, 이후 이를 모방한 건축물이 유행하기도 했다.

그러나 부동의 영국인이라도 이 정도를 두고 특별히 풍부한 결실이었다고 법석 떨지는 못할 것이다. 이 조각을 떼어낸 명분이 영국의 순수예술 향상이었다는 것을 기억해낸다면 말이다. 그러나 이 조각들은 명백하고 오랫동안 지속돼온 매력적인 결과물을 하나 낳았고 지금도 낳고 있는데, 바로 영국 시인들과 그들의 시이다. 바이런의 논증시는 이미 앞에서

---

109 Sir John Soane(1753~1837). 신고전주의 건축가.

│ 건축가 존 손 경이 카리아티드를
활용해 건축한 건물

│ 세인트폴 대성당 안 윌리엄 폰슨비 경의 기념비

│ 워털루 전투 승리를 기념해 피스트루치가 제작
한 기념 메달

│ 버킹엄 궁전 정원의 워털루 기념 화병과 엘리자
베스 여왕

길게 인용했으니, 여기선 21세기라는 시점에 맞게 존 키츠를 추가하는 것이 맞겠다. 키츠는 헤이든에게 이 조각 컬렉션을 소개받고 매혹되어 수시로 대영박물관을 방문했고 소네트 두 편을 완성했다. 여기서 키츠의 소네트를 보지 않으면 섭섭할 것이다.

엘긴 마블스를 보았을 때

내 영혼은 너무 허약하다. 죽음이

　달갑지 않은 잠처럼 무겁게 나를 내리누르고,

　신이나 견딜 만한 역경의 꼭대기와 절벽이

각기 내게 죽어야 한다고 말하는데,

마치 하늘을 바라보는 병든 독수리처럼.

　그러나 아침의 눈을 깨울

　구름 실린 바람이 없다 해서

우는 것은 가벼운 사치일 뿐이다.

머릿속에 흐릿하게 품은 영광이

　내 마음에 형언할 수 없는 불화를 일으킨다.

이 경이로운 조각들은 내게 아찔한 고뇌를 주고,

　그리스의 장엄함과

거친 시간의 퇴화를 섞고, 물결 높은 바다를

　태양을, 장대한 그림자를 섞는다.

헤이든에게

헤이든이여, 이 웅장한 작품을

　　적확하게 말하지 못하는 나를 용서하게.

　　독수리처럼 날지 못하는 나를 용서하게.

무엇을 알고 싶은지 어디서 찾을지 모르는 나를.

그리고 작렬하는 천둥소리,

　　헬리콘 산의 굽이치는 물줄기를

　　참아낼 수 있는 온유함이 내게 없다고 생각하게.

내게 조금 더 능력이 있었으면.

또한 생각하게, 이 모든 것은 그대의 것이니.

　　그대 외에 누가 있으랴. 누가 감히 그대의 옷깃을 만지랴.

그들이 표정 없는 백치, 혹은 가래로

　　가장 숭고한 것을 쳐다볼 때,

그대는 서방을 밝히는 동방의 별을 보았고,

　　경배하러 가게 되었도다.

'표정 없는 백치browless idiotim' 혹은 '가래phlegm'라는 표현에서 이 조각
상이 "고대 로마 하드리아누스 때 만들어진" 작품이라고 주장했던 리처
드 페인 나이트 일당의 이미지를 떠올린다면 유머가 부족한 사람일 것이
다. 1817년 3월에 창작된 이 두 소네트는 이 조각상들이 진짜임을 입증한

다. 또한 키츠는 자신의 시 〈그리스 항아리에 부치는 노래〉에서 "하늘을 보고 울부짖는 송아지"라고 했는데 이 구절은 파르테논 남쪽 프리즈 40번 판석에 새겨진 소머리 조각에서 영감을 받은 듯하다.

이 조각상들이 아테네를 떠나 영국에 왔기 때문에 더 많은 사람

키츠에게 시적 영감을 주었을 것으로 추측되는 파르테논 남쪽 프리즈 40번 판석

들이 접할 수 있었다는 주장에 대해서는 반박할 마음이 없다. 그런데 이 조각들이 디즈니랜드에 영구 전시되었어도 똑같은 주장이 제기되었을 것이다. 조각상을 떼어내 런던에 다시 설치하는 노고 덕분에 이렇듯 찬성과 반대를 말하는 시와 산문들이 나올 수 있었다고 말할지도 모르겠다. 그렇다면 그 연장선상에서 조각상이 그 일부였던 건축물과 재결합한다면 어떤 상황이 벌어질지 누가 말할 수 있을까? 어쨌든, 바이런이나 키츠의 시가 쓰이지 않는 일은 없었을 것이다. 무엇보다 파르테논 조각을 떼어낸 주된 이유가 영국인의 취향을 고양하기 위해서라는 명분은 고려할 가치도 없다. 하지만 그것이 유일한 의도였다고 해도, 그 결과는 펠리샤 히먼스의 열혈 애국심에서 나온 희망조차 만족시키지 못했다. 그 결과로 "영국의 안젤로"가 탄생했다는 말을 할 수 없다.

2. 이 조각들은 아테네가 아니라 런던에 있었기에 온전했다.

이 반대의 상황을 증명하기란 불가능하다. 조각들은 그리스 독립운동
과 잇따른 역경에서 살아남았을 수도 있고, 살아남지 못했을 수도 있다.
조각들은 프랑스인에 의해 옮겨졌을 수도 있고, 그렇지 않았을 수도 있
다. 이런 가정은 멘토르호의 또 다른 운명을 생각해보는 것만큼이나 무의
미하다.

우리가 확실히 말할 수 있는 것은 그리스인들이 이 조각상들을 위해 최
선을 다했고, 그리스 독립 전쟁 내내 파르테논 신전을 지키기 위해 특별
한 조치를 취하려 했다는 것이 전부이다. 또한 런던에서 적어도 두 차례
상당한 위험에 처했다는 사실도 잊으면 안 된다.

대영박물관 상임위원회 회의록에서 1938년 10월 8일(5,488페이지)을
찾아보면, '파르테논 조각 손상'이라는 경악을 금치 못할 표제가 발견된
다. 그 내용은 다음과 같다.

듀빈 경이 후원한 새 갤러리에 둘 파르테논 조각의 색을 개선하는, 승
인받지 않은 중대한 작업을 진행하는 과정에서 일부 중요한 조각들이 손
상을 입었다고 관장이 보고했다. 관장은 상임위원회에 그 사실을 공표하
는 것과 관련해, 손상의 성격과 박물관 운영진의 정책을 고려해달라고 요
청했다. 더불어 손상의 책임 소재를 규명한 뒤의 불가피한 징계 수위에
대해서도 자문을 요청했다. 이에 상임위원회는 할렉 경, 맥밀런 경, 윌리

엄 브래그 경, 찰스 피어스 경, 윌프
레드 그린 경을 특별조사위원으로
임명하고 향후 활동에 필요한 권한
을 위임하였으며, 회의는 10월 11일
화요일 오후 5시에 소집하기로 결정
하였다.

특별조사위원회는 해당 직원들과 면담했는데, 고대 그리스·로마관 책
임자인 프레더릭 프라이스와 조수인 로저 힝크스, 박물관 청소 총책임자
인 아서 홀콤이다. 그러고는 1938년 12월 10일 진상 보고서와 권고안을
제출했다.

맥밀런 경이 파르테논 조각이 입은 손상에 관한 특별조사위원회의 2차
보고서를 제출하였다. 그는 보고서 초안 작성을 마칠 즈음 프레더릭 프
라이스가 자신의 건강 상태가 좋아 보이지 않는다는 운영진의 의견을 확
인할 의학적 증거를 제시했다는 말을 덧붙였다. 또 특별조사위원회가 이
새로운 정보를 받아들여 프라이스의 책임을 재고할 기회를 갖자고 요청
했다. 상임위원회는 특별조사위원회가 이 증거를 해당 보고서에 첨부하
는 데 동의했지만, 어떤 조치를 취할지 결정할 수 있을 만큼 충분한 정보
를 이미 확보하고 있었다. 밀도 있는 토론이 끝나고 상임위원회는 공표에
관한 조사위원회의 권고안을 받아들였고, 총괄위원회에 다음과 같이 권

고하기로 결정했다. 프라이스는
건강상의 이유로 운영진 업무에
서 퇴직한다. 힝크스는 직무 태
만의 책임이 상당하므로 근무
연수를 10년을 제하여 산정하고
임금을 감봉한다. 프라이스에게
는 퇴직에 필요한 진단서를 발

채색한 흔적이 프리즈에 남아 있다.

급받을 수 있도록 한 달의 병가를 승인한다. 상임위원회는 또한 부적절한
세척법으로 인한 조각의 상태, 조각이 입은 손상을 사례별로 확인하여 기
록으로 남길 것을 지시했다.

　대영박물관은 무슨 일이 벌어졌는지 결코 밖으로 공개하지 않았고, 이
문제는 하원의 질의 시간에 의사 진행을 방해하기에 이르렀다. 그런데 런
던 남서부 큐에 위치한 공공기록 보관소에 감질 나는 자료가 있는데, 목
록에만 남은 〈엘긴 마블스 관리: 구리선 솔을 사용한 청소로 입은 대리석
조각의 표면 손상〉이 그것이다. 문서 자체는 보관소의 여러 다른 문서들
과 마찬가지로 파기되었다.

　대영박물관 청소 총책임자 아서 홀콤은 1939년 5월 19일 한 신문과 인
터뷰하면서 경악을 금치 못할 사실을 시인했다. 그와 여러 청소부들은 이
렇게 청소했다. "액체 세제와 물과 암모니아를 받았어요. 먼저 부드러운
솔로 그 대리석 조각들의 먼지를 떨어내요. 그러고 나서 그 솔에 액상 세

| 대영박물관에서 파르테논 청소에 사용한 도구들

제를 묻혀 조각을 문지르지요. 마른 스펀지로 물기를 닦고 나서 증류수로 씻어내고 … 더 더러운 얼룩은 끝이 뭉툭한 구리 연장으로 문질러서 제거했어요. 어떤 얼룩은 저 쇠살대에 낀 때처럼 새까맸거든요". 홀콤이 자기 집 벽난로를 가리켰다. 그가 시범을 보이고 청소부 여럿이 따라하긴 했지만 조각에 손상을 입히지 않았다고 말했다. "왜냐하면 구리는 돌보다 더 물러요. 관장님 네 분 밑에서 일하는 내내 저는 같은 연장으로 대리석 유물들을 청소했어요."

영국의 조각가 제이컵 엡스타인은 이러한 폭로에 자극받아서 《타임스》 편집자에게 편지를 보낸다. 이 편지는 홀콤의 인터뷰 기사가 실린 날짜에 신문사에 보낸 것이다.

편집자께,

귀사의 1921년 5월 2일 자 기사와 관련해, 저는 이전에 대영박물관의 그리스 대리석 조각들, 특히 크니도스의 데메테르 여신상의 '세척'과 복원에 대해 항의한 적이 있었습니다. 항의는 무시되었고, 상관할 바가 아니라는 둥 야유만 들었습니다. 그로부터 18년이 흐른 지금 엘긴 마블스의 세척과 복원 문제가 불거졌고, 이 유명한 조각상들이 그 과정에서 손상되었다는 의혹이 제기되었습니다. 대영박물관 당국은 어디가 손상되었든 그것은 숙련된 '전문가'의 눈으로만 구별할 수 있는 수준이라고 했었습니다! 그런데 이 조각들을 청소한 총책임자가 인터뷰에서 '대리석보다 무른' 구리 연장을 사용했다는 (믿기지 않는) 내용을 밝혔습니다. 조각이 뭔지 알지도 못하는 총책임자가 폭로했듯이, 어떻게 청소부 한 명과 건장한 남성 여섯이 15개월 동안 엘긴 마블스를 함부로 다루도록 내버려둘 수 있었는지 이해가 안 갑니다. 언제가 되어야 대영박물관 당국이 자신들은 이 걸작들의 관리인일 뿐, 결코 창조자가 아니라는 것을 알게 될까요?

엡스타인은 1939년 5월 25일에 조지 힐 경[110]이 《타임스》에 보낸 훈계하려 드는 편지에 대응하기 위해 이 논쟁에 복귀한다.[111] 그는 다음과 같이 썼다.

그것은 단지 "그윽한 황금빛 녹"의 문제가 아닙니다. 더 중요한 것은

---

110 Sir George Hill. 르네상스 시대의 메달 전문가로, 1893년 대영박물관에서 일하기 시작해 1931년부터 1936년까지 대영박물관 관장과 도서관장을 지냈다.

111 이 논쟁은 대영박물관 사이트에 "The 1930s cleaning of the Parthenon Sculptures in the British Museum : Appendix 11-Press cuttings"라는 제목으로 정리되어 있다.

| 크니도스의 데메테르 여신상

표면이 긁혔다는 것이고, 그렇게 긁힌 흔적이 대리석 조각의 표면에 남았다는 것입니다.

저 자신 또한 대영박물관의 일꾼으로서 대리석 세척 작업을 지켜보았고 당시 사용된 방식에 공포감을 느꼈었습니다. 조지 경은 청소 총책임자였던 아서 홀콤 씨가 3일 전 신문에 밝힌 진술을 모르는 척합니다. 홀콤 씨는 역대 관장 네 명 밑에서 박물관 관례에 따라 "끝이 뭉툭한 구리 연장"으로 대리석 유물을 모두 세척했고, 2년 전에는 이 연장으로 엘긴 마블스도 세척했다고 털어놓았습니다. 그는 "구리가 대리석보다 무르다"라고 했습니다. 구리가 대리석보다 무르다라니 터무니가 없습니다. 조지 경은 로마에 있는 성 베드로 청동 조각상의 발이 참배객의 부드러운 입맞춤 때문에 닳고 있다는 이야기를 정말로 들어본 적이 없으십니까?

대영박물관 관료들에게 그리스 조각상에 대한 합당한 관리와 보존보다 더 시급하게 요구할 것은 '내 입장이 되어보라'라는 말인 듯합니다.

세척과 고색古色[112]에 대한 학술적 토론에 집중할 게 아니라, 모든 것은 엘긴 마블스와 또 다른 그리스 대리석 조각상들이 온전할 수 있을까, 아니면 정기적인 세척이 오히려 조각상을 위태롭게 만드는 건 아닐까 하는 중대한 문제로 보다 더 집약되어야 합니다. 그렇지 않으면 조각에 관한 과학적 지식이 부족한 박물관 관료들이 결국 조각상을 망쳐버리고 말 것입니다.

대중은 최근 일어난 일들이 마음에 들지 않고, 또한 엘긴 마블스의 현재 상태에 대해 걱정하고 있습니다. 그러니 재무부는 의회에서 크룩셍크 장군의 질문에 모호하고 불충분하게 대답했던 것을 신중히 재고해야 합니다. 그러지 않으면 대영박물관의 운영진이 자신들의 책임을 면피하려는 시도를 두 손 놓고 바라보는 것과 다를 바 없습니다.

이 밖에도 손상에 대한 보고가 더 있을 텐데. 이를테면, 태양의 신 헬리오스가 거느리는 말머리 조각에도 손상이 있었던 듯 보인다. 이에 대한 진상 보고는 존 포스다이크 경이 박물관장으로 있던 1939년 1월 14일 상임위원회에 상정되었다. 이에 대한 공개 조사가 가능해진 건 1997년이 되어서였다.

그로부터 2년 후인 1941년 대영박물관 듀빈 갤러리는 나치의 폭격으로 심각하게 훼손되었다. 파르테논 조각은 미리 옮겨져 가까스로 폭격을 피했다. 조각 일부는 수장고로, 나머지는 사용되지 않아 폐쇄된 런던의 앨드위치 지하철 역사로 옮겨졌다. 이 전까지 조각들은 목재와 모래주머

---

112 오래 쓴 목재·가죽 등의 표면에 생기는 빛깔.

니로 보호받은 게 고작이었다. 상상해보라. 만약 영국과 그리스가 히틀러에 맞서 연합군에서 함께 싸우던 당시에 이 조각들이 '오로지 조각 자체를 위해' 옮겨놓은 그 장소에서 가루가 되었다면 어땠을까?

이 두 일화 가운데 두 번째 일화가 첫 번째보다 그나마 결과가 덜 심각했지만, 둘 다 보호와 아량의 측면에서 대영박물관의 신뢰도를 떨어뜨리지 못했다. 하지만 안전성과 보존에 대한 논쟁에서라면, 아테네에서 보존했다고 가정할 경우의 시간과 기회뿐만 아니라 런던에 옮겨진 후의 시간과 기회를 모두 고려해야 한다.

3. 이 조각들은 아테네보다 런던에 있어야 더 안전하다.

이 명제는 의심할 여지없이 반환 반대론자들이 가장 강력하게 앞세우는 논거이며, 그리스인들이 가장 만만치 않게 여기는 논거이기도 하다. 아테네의 대기오염 악화와 하늘을 뒤덮은 스모그 구름(그리스어로 '네포스nefos')은 아테네 시민들이 지속적으로 비판받은 배경이었고, 아테네 시민들에게 문화유산을 잘 지키지 못하고 있다는 수치심을 안겨주었다. 아테네 시민들은 이 문제에 꽤나 예민하게 반응하는데, 자신들을 위해서도 네포스를 해결하는 게 급선무이기 때문이다. 런던 사람들도 이 문제가 남의 일 같지 않을 게다. 런던 도심에 다양한 종류의 산성비가 내려 많은 부분이 부식되는 경험을 겪었기 때문이다. 그중 가장 대표적인 사례가 '클레오파트라의 바늘'[113]일 것 같다. 나일 강가에 서 있을 때보다 상대적으로 아주 짧은 기간 체류했을 뿐인 템스 강가에서 더 많이 풍화작용을 겪었다.

이 문제를 한 단어로 요약하면 '산화酸化'이다. 산화는 형태가 두 가지인데, 그 결과는 똑같이 암울하다. 지난 19세기 이래 심각한 골칫거리였는데, 그때 의도는 좋았지만 비과학적인 복원 작업이 여러 차례 실행되었다. 원래 아크로폴리스 유적은 대리석으로 지어져 납을 씌운 나무로 된 조인트joint나 쇠로 이음새를 접합했다. 고대의 이런 방식은 산화로부터 석조물을 지키는 현대의 어떤 방법보다 더 지혜로웠다. 하지만 시간이 흘러 조인트들이 부식되면서 19세기에 쇠나 강철 고정 장치로 이를 대체하거나 보강되었다. 이런 임시 고정 장치들이 녹슬면서 석조물을 쪼개는 비극이 일어났던 것이다.

두 번째 산화 형태는 눈에 잘 보이지 않지만 어쩌면 훨씬 더 치명적인 결과를 초래할 수 있다. 대기 중의 황과 이산화탄소가 결합하면서 만들어진 침전물이 대기를 오염시키고 이것이 비에 섞여 내리면서 대리석 표면

---

113 기원전 1400년대 고대 이집트에서 만들어진 오벨리스크의 다른 이름이다. 클레오파트라 사후 1,000년 뒤 제작되었다는 점에서 명칭이 잘못되었다고 생각한다. 이집트 룩소르에서 출토된 이 오벨리스크들은 19세기에 런던 템스 강변, 파리 콩코르드 광장, 뉴욕 센트럴 파크로 옮겨졌다.

황산염으로 부식된 대리석 조각

을 부식했다. 공장이나 자동차 내 연기관이 많은 도시는 이와 같은 근대의 역병疫病으로부터 피해갈 도리가 없지만, 아테네는 그 규모가 불균형하게 확대되면서 곤란한 상황이었다. 가난한 농촌으로부터 탈출한 인구가 대량 유입되고 그에 따른 (최근까지의) 무분별한 도시 개발에 아테네는 배기가스 배출, 산업폐기물이나 가정 매연을 규제하지 못한 채로 인구가 밀집해 혼돈에 빠졌다. 그리하여 걱정스럽게도 오염의 속도가 기하급수적으로 증가하고 있다.

그리스는 (공장 운영자, 택시 운전자, 이 밖에 크고 작은 오염 유발자에게 상당히 무분별하게 허가를 내준) 군사독재 정권이 실각한 뒤부터 대기 중 유독 물질을 줄이고, 아크로폴리스가 더 부식되지 않도록 보존하려 애썼다. 이런 노력이 아주 긴밀하지는 않지만 상호보완적이었음에는 틀림없다. 그리고 도시에 보편적으로 필요한 조치로, 휘발유의 납 함량을 줄이듯이 산업과 수송 연료의 황 함량을 법으로 낮춰왔다. 이렇게 아크로폴리스에는 꼭 필요한 구체적인 조치들이 더 많이 취해지고 있다.

아크로폴리스 신전에 관한 주요 연구도 궤도에 올랐는데, 여기에는 몇몇 건축물에 대한 공개 접근을 제한하는 것도 포함되었다. 원상회복이 불가능한 석조물은 습도와 온도 조절이 가능한 아크로폴리스 박물관으로

208

옮겨졌으며, 한편으로 복원은 같은 채석장에서 나온 대리석, 곧 펜텔리콘산 대리석으로만 진행되었다. 대리석 덩어리를 접합할 때 쓰는 볼트와 핀은 티타늄에 산화 방지 처리를 해 만들었다.

1983년 그리스 정부는 12단계 프로그램으로 이루어진 10년 복원 프로젝트를 선포했다. 이 복원 계획은 보라스 교수가 이 글 바로 뒤에서 자세히 설명한다. 여기서는 그중 가장 중요하고 방대한 프로그램을 요약하고자 한다.

1. 아크로폴리스의 암반 안전성 확보. 아크로폴리스가 자리 잡은 바로 그 언덕의 암반은 침식이 계속되고 있다. 상층부의 석회암은 기층과 마찬가지로 보강이 필요하다. 와이어 케이블과 철조 그물망을 설치하고, 표면을 정착판으로 고정하고 고강도 모르타르를 써서 철제 막대를 암반 안으로 박는다. 빗물로 인한 침식을 막기 위해 균열된 곳도 메우고 있다. 매년 수백만 명의 관광객의 발길이 지나면서 생기는 더디지만 명백한 훼손을 방지하기 위해 암반 표면에 새롭게 산책로를 따로따로 만들었다.

2. 물리화학적인 오염은 앞에서 설명한 대로 티타늄을 사용해 막고 있고, 석고(대리석이 산화된 것)를 탄산칼슘으로 만드는 실험을 진행하고 있다.

3. 기록 연구 프로젝트가 진행 중인데, 이 프로젝트의 목적은 부식을 단계별로 기록해 신전의 본래 상태에 최대한 가깝게 복원하는 것이다.

사진 측량법Photogrammetry을 도입해 정확한 윤곽을 산출해냈다.

4. 감마선 투과 촬영을 통해 초기 복원 작업 당시 기둥 속에 박아넣은 철제 부품의 위치를 파악할 수 있게 되어, 구조물 안의 균열과 녹을 확인하고 방지할 수 있게 되었다.

5. 아크로폴리스 사방에 흩어진 엄청난 수의 돌조각을 확인하고 분류해서 목록을 만든다. 여기에는 본래의 건물에서 떼어서 재활용한 돌덩어리는 물론, 전쟁과 침탈로 인한 약탈로 떨어져 나온 조각disjecta membra도 포함된다. 자세한 목록이 작성되면서 본래의 건축물에 대한 새로운 실마리가 나타나기도 했다. 예를 들어, 파르테논의 동쪽 켈라 벽에는 그동안 몰랐던 창 두 개가 있었던 모양이다. 여섯 번째 카리아티드의 파편들도 찾아내 분류했다. 모든 파편을 촬영하고 일련번호를 매겨 목록을 만들었고, 너무 약하거나 심하게 훼손되어 복원에 쓸 수 없는 것들은 출처가 다르지 않다는 것이 분명할 경우 아크로폴리스 박물관에 보관했다.

6. 아우구스투스와 로마를 기리는 로마 신전[114], 파르테논보다 먼저 지어진 아테나 신전이 복원되는 중이다.

7. 파나테나이아 축제 행렬이 지나갔을 노선으로 추정되는 신성한 길 Sacred Way을 비롯해 고대의 길과 산책로를 복원하고 있다.

8. 아크로폴리스 박물관에서는 심각하게 오염된 조각들을 박물관으로

---

114 서기전 1세기에 파르테논 북동쪽 근처에 원형 신전으로 세워졌고, 유적이 남아 있다.

| 거대한 건축물이 더 균열되지 않도록 지지대와 금속판이 설치되었다.

옮겨와 석회화 예방 연구를 진행했다. 1979년 카리아티드를 옮긴 뒤로 신전에서 약 700점의 석조물을 옮겨와 보수하고 처치했다. 인근에 차량을 주차하는 것과 인근 주택들에서 난방에 기름 연료를 사용하는 것을 금지했다.

옮기기 힘든 건축물은 가능한 한 더 균열이 가지 않도록 지지대와 금속판을 활용했다. 이들 조치는 모두 가역적reversible이었는데, 방문객들의 이목을 끌지 않고도 작업할 수 있는 곳을 골랐다. 사실 페리클레스 시대의 기상 조건에서도 대리석 조각들은 원래 세워진 곳에서 옮겨져선 안 되었다. 엘긴 경이 고용한 일꾼들이 기량을 뽐낸 결과는 오염이 초래한 결과 못지않았다.

방대하지만 벌써 실행되었어야 할 이런 보존 노력을 다룬 문헌 가운데 두 개가 눈에 띈다. 하나는 브라이언 쿡이 대영박물관의 고대 그리스·로마관 책임자로 있을 때 쓴 글이다. 그는 엘긴 마블스에 대한 대영박물관의 공식 가이드북도 썼다. 쿡은 블룸즈버리에 소재한 박물관협회 기관지인 《박물관 회보》에 이 조각상의 복원 작업을 이렇게 소개한다. "다행하게도 그리스가 이제야 숙련된 전문가 다수를 확보하고 고도로 전문적인 영역의 보존 작업에 착수했다." 그리스 정부가 주최한 전시회 〈아테네의 아크로폴리스: 보존과 복원과 연구〉의 리뷰가 이어진다. "그 규모와 복잡성 면에서 만만치 않은 작업일 테지만 … 현 전시는 1975년부터 1983년까지 있었던 문제를 해결하기 위한 추이를 보여주고 미래로 나아갈 길을 일러준다."

그리스 당국은 이 주제에 대한 자체 보고서에서 논란이 될 발언을 피하고 건조하게 간단히 적는다. "유감스럽게도 이 건축물에 조각된 장식들 대부분이 독립 전쟁 전에 사라졌다."

영국과 그리스의 논쟁이 아니라, 본래의 건축적 맥락대로 재결합된 파르테논을 보고 싶은 사람과 그렇지 않은 사람이 논쟁을 벌여왔으므로, 반환을 찬성하는 이들은 이 시점에서 그리스 정부에 적극적으로 의견을 개진해야 한다. 그리고 아테네에서는 스스로를 위해서나 고대 유물을 위해서나 오염을 방지하려는 노력을 더 많이 해야 한다.

영국이 파르테논 조각을 계속 보유해야 한다고 주장하는 이들이 수그러들지 않는 대기오염 문제를 계속 써먹는 한, 이런 불합리한 추론은 사라지지 않을 것이다. 아크로폴리스의 신전을 복원하고 보존하기 위한 모든 노력(대영박물관에서 한 말이다)이 실행돼왔다. 조각들은 바깥공기에

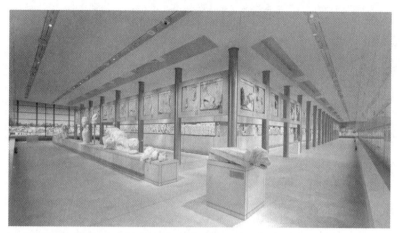
| 대영박물관의 파르테논을 맞아들일 준비를 마친 뉴 아크로폴리스 박물관

더 이상 노출되지 않는 인근의 박물관 안으로 들여졌다. 새 박물관은 잃

어버린 조각을 들일 준비도 마쳤다. 더 바랄 게 무엇이 있겠는가? 조각상

을 보존하는 '환경' 문제는 아테네가 대리석들의 역사적이고 심미적인 배

경이었다는 사실을 가려버린다. 이런 주장의 가장 극단적인 유형은 아크

로폴리스를 통째로 런던, 글래스고, 뉴욕 어디든, 거인들이나 사용할 만

한 대형 금고로 이동하는 것조차 정당화하려 든다. 합리적인 유형의 주장

은 아테네의 대기가 런던보다 더 깨끗해졌을 때 반환되어야 한다는 것이

다. 객관적인 유형의 주장은 영국 정부가 아테네의 오염을 측정해 어느

기준 아래로 떨어졌을 때 반환해야 한다는 것이다. 그런데 공교롭게도 이

오염 문제는 역대 늘어놓은 즉흥적인 이유 가운데 가장 최신의 것으로 비

교적 최근에는 대두되지 않는다. 만약 조각상이 아테네에 남아 있었고 그 사이, 또 만약 아테네가 두 배로 오염되었다면, 어느 누가 조각상 절반은 블룸즈버리로 옮기고 나머지 절반은 그리스라는 최적의 방책에 맡기자고 주장하겠는가? 보존에 관한 객관적인 주장과 그저 선동적일 뿐인 주장을 구별하는 법을 배우기에 지금보다 더 좋은 때는 없다.

4. 엘긴 경은 문화재를 보전하겠다는 심정으로 조각을 떼어냈다.

엘긴 경에 대한 나중의 평가만 놓고 보면, 그를 착한 사마리아인, 아니면 문화재 보호론자의 조상쯤으로 간주할 수도 있다. 다른 무엇보다, 또는 우연히 그가 은혜를 베풀었음을 인정하지 않을 수 없다. 하지만 그가 스스로 남긴 증거들을 보면 이것이 그에게 보낼 수 있는 최선의 찬사였음을 여실히 알 수 있다. 엘긴이 대리석 조각상에 대해 처음 계획한 의도는 스코틀랜드 브룸홀 집으로 가져가는 것이었다. 위험을 대비하기 위해서 였다고 아무리 정당화해도, 그 조각을 계속 보유하는 명분이 될 수 없고 아크로폴리스를 통째로 훼손한 것에 대한 변명이 될 수 없다. 엘긴 일당의 주장 대부분처럼, 이것 역시 좋게 말해야 불합리한 추론이고, 심하게 말하면 바보짓일 뿐이다.

5. 이 조각상의 반환은 주요 박물관과 컬렉션을 절멸하는 선례로 남을 것이다.

선례에 대한 논쟁은 절대적 조건 또는 상대적 조건에서 살펴볼 수 있다. 절대적인 형태의 주장은, 원래의 위치home에서 어떤 유적을 떼어내지 않는 것이 정당하지 않은 행위라고 적시된 적이 없으므로, 어떤 파편이라도 돌려주어야 한다는 청원은 박물관과 컬렉션 문화 전체를 위태롭게 만든다는 것이다. 보모, 관료, 부대선임하사관을 자주 상대하는 사람들은 이런 논쟁에 익숙할 것이다. "당신이 이런 일을 모든 사람에게 다 시키는 건 아닐까?" 하는 오래된 경구 같은 것이다.

상대적 또는 느슨한 형태의 주장은, 취득/취득물과 약탈의 차이를 인정하고, 논쟁에서 취약하거나 힘없는 무리의 감정을 배려하는 것이다. 박물관과 컬렉션의 진실성을 성급히 주장하지 않는 한편, 예외가 있을 수 있고 예외가 허용될 수 있음을 인정하는 것이다.

파르테논 조각상 반환의 경우, 선례를 주장하는 논쟁에 정면으로 맞서지도, 정확히 '들어맞지'도 않는데, 그 이유는 다음과 같다.

1. 그리스인과 영국인이 이런 주장을 할 때는 상당히 많은 부분이 '권리'라는 개념에 의지한다. 점령당한 그리스는 불가항력force majeure으로 조각상을 빼앗겼고, 돌려받을 능력이 있다면 또한 돌려받을 권리도 있다는 것이다.

2. 파르테논은 그리스뿐만 아니라 자칭 서양 문명과 부분적으로 고대 계몽기의 후손이라 주장하는 문명에도 특별하다.

3. 전쟁과 세월로 취약해졌을지라도 구조물은 여전히 살아남아 그 자리에 서 있으며 형태를 쉽게 알아볼 수 있다.

4. 전쟁과 세월로 변모되었을지라도 그리스 국민과 그리스어는 여전히 존재한다.

이와 같이 파르테논은 다른 어떤 '선례'를 갖다대도 명백하게 구별된다. 이 모든 조건을 충족하는 또 다른 사례는 말 그대로 없다.

그런데도 대영박물관과 영국 왕실이 유난스럽지 않게 반환한 경우가 종종 있었다는 사실이 알려져 있다. 에티오피아의 성서필사본은 1872년에 반환되었다.[115] 또 1815년 로버트 브라운리그 총독이 가져간 캔디 왕국[116]의 왕 홀笏[117]과 보주寶珠[118]는 1930년대에 스리랑카로 반환되었다. 1950년에는 청동기가 베냉으로 돌아갔다.[119] 1964년에는 미얀마 만달레

---

115 이 필사본은 1868년 영국 원정군이 에티오피아의 옛 수도 마그달라 점령 당시 약탈한 것의 일부였다. 당시 영국군은 보석으로 장식된 왕관과 에티오피아 정교회의 십자가, 황금 성찬식 컵, 수많은 교회 문서들을 가져갔다. 이 중 상당수가 대영박물관 영국도서관, 윈저 성의 왕립영국도서관에 소장되어 있다.

116 스리랑카 중부 구릉지대에 자리했던 왕국으로 15세기 말에 세워져 19세기 초까지 존속했다. 1815년 영국 원정군에 의해 점령되었다.

117 sceptre. 왕이 손에 쥐는 장식으로 긴 지팡이 형태.

118 orb. 왕이 들던 장식. 구 위에 십자가를 올린 형태로 종교적 상징으로 여겼다.

119 나이지리아 베냉 왕국의 왕실을 장식하던 금속판으로, 1897년 영국 원정군이 약탈해 갔다. 대다수가 대영박물관에 소장되었는데, 1950년과 1972년 사이에 대영박물관이 그중 30점을 나이

┃ 오레곤 박물관에서 에티오피아에 반환한 성서필사본

┃ 대영박물관에 소장되어 있는 베냉의 청동판

┃ 만달레이 왕국의 왕실 장신구

| 스핑크스 수염

이 왕국의 왕실 장신구가 반환되기도 했다.[120] 기관과 대학의 박물관과 컬렉션 또한 비슷한 행보를 보였다. 예컨대, 케임브리지 대학교 박물관은 1964년 우간다가 독립하자 부간다 왕국 카바카[121]의 특수 효과 장신구를 반환하였다. 대영박물관은 영국 군인이 훔쳐온 스핑크스의 수염 부분을 1985년 '대여' 명목으로 반환하는 원칙에 합의하였다. 누군가 말한 대로 하늘은 무너지지 않았다. 아직 이 모든 사례 중 어떤 것도 그리스 정부의 주장만큼 분명한 사실에 입각한 것이 없었다. 언급된 다른 나라와 그 국민들에게 그들의 문화재가 (a) 그들에게만 특별하고 상대적으로 지역적으로 좁은 범위에서 경배된 경우이거나 (b) 스핑크스 수염 사례처럼 그 문화와의 지리적 관련성이 중대한 경우라고 말한다면 모욕이 아닐 것이다. 파라오가 통치하던 시절의 이집트는 결국 그 언어만큼이나 요원하다. '선례'를 울부짖을 아시리아인이나 히

<hr>

지리아 정부에 팔았다.

120 1890년 영국 원정군이 약탈해 갔고 빅토리아 앤드 앨버트 박물관이 소장하고 있다가 1964년에 돌려주었다.

121 Kabaka. 우간다 남부에 있었던 옛 부간다 왕국의 왕 칭호.

타이트인, 바빌로니아인은 이제 사라지고 없다. 스핑크스 수염도 해체되었지만 파르테논 조각상처럼 미학적 관련성이 도드라지지 않는다. 그리고 파르테논 조각들은 간접적인 방식을 제외한다면, 전쟁으로 얻은 전리품이 아니다. 그리스와 영국은 적대 관계나 경쟁 관계에 놓인 적이 없었으므로, 영국의 박물관을 가득 메운 온갖 찬란한 유물들은 영국 식민지나 원정군이 가져온 것이다.

그렇다면 어느 면에서도 파르테논 조각의 반환은 선례로 남을 것이라는 문제를 일으키지 않는다. 하지만 선례가 존재한다고 말할 수 있다면, 그것은 오히려 그리스의 주장에 매우 유리하다. 그리스인들과 지지자들이 모든 문화재의 반환, 또는 심지어 엘긴 경이 그리스에서 가져간 것 전부의 반환을 요구한다면, 그것은 다른 문제가 될 것이다. 하지만 그리스인들은 그러지 않았고, 그렇게 안 되었다. 문제는 파르테논의 통일과 온전한 상태이다. 이 밖의 다른 모든 논의는 논점을 흐리려는 것이다.

논점 바꾸기는 복수의 기회로 악용되기도 한다. 1986년 6월 15일 BBC의 한 토론 프로그램에 그리스 문화부 장관 멜리나 메르쿠리와 정반대 입장을 가진 대영박물관 관장 데이비드 윌슨 경이 초대되었다. 데이비드 경은 과거에 메르쿠리 장관이 런던을 방문한 김에 대영박물관을 찾아서 파르테논 조각을 관람하고 싶다는 의사를 전해왔을 때 다소 신사답지 못한 태도를 보였다. 그때 빈집털이범에게 '사전 답사'를 허락하는 일은 없다고 공개적으로 말했다. 그러나 카메라 앞에 서자마자 그의 태도는 무례함과 억지를 넘어섰다. 그가 말했다. "대영박물관 벽에서 엘긴 마블스를 확

뜯어가는 것은 파르테논을 날려버리겠다는 위협보다 훨씬 더 무시무시한 제앙입니다." 데이비드 경이 여기서 멈추었다면 이 말은 반환이 실현 가능한지를 묻는 가벼운 질문에 과장된 대답 정도로 생각되고 말았을 수도 있다.

음, 무엇이든 할 수 있습니다. 히틀러가 한 말이죠. 무솔리니도 이탈리아 기차가 정시에 도착하도록 만들고 나서 말하지 않았습니까.

사회자인 데이비드 로맥스가 끼어들었다.

진심으로 말씀하신 건 아니죠? 그들과 같다고 …

데이비드 경은 수치스러운 줄 몰랐다.

아니요, 맞아요. 제 생각에 이것은 문화적 파시즘입니다. 국수주의이며 문화적 위험입니다. 그것도 어마어마한 문화적 위험이요. 만일 당신이 위대한 지적인 기관을 파괴하기 시작한다면, 당신은 문화적으로 파시스트인 겁니다.
로맥스: 당신이 말하는 문화적 파시즘은 무슨 뜻입니까?
윌슨: 보세요, 당신은 지적 성취의 토대를 모두 파괴하고 있습니다. 그것을 서서히 무너뜨리고 있는 겁니다. 파괴하고 있다고는 말할 수 없지

만, 당신은 서서히 무너뜨리고 있습니다. 나는 이것이 아주, 아주 심각한 일이라고 생각합니다. 이것에 대해 당신은 정말 신중하게 생각해야 합니다. 책을 불사른 것과 같아요. 히틀러가 그런 짓을 했으니, 당신은 매우 신중해야 합니다.

로맥스: 어쨌든 당신은 엘긴 마블스를 그리스에 돌려주기를 바라는 사람들에게 진심으로 말씀하신 거죠? 엘긴 마블스가 돌아가는 것이야말로 가장 도덕적인 사건이라 생각하는 그들이 문화적 파시즘 죄를 짓고 있다고요.

윌슨: 그리스인이라면 엘긴 마블스의 반환을 바라지 않을 거라고 생각합니다. 하지만 엘긴 마블스가 그리스로 돌아가길 바라는 우리 영국인과 전 세계 사람들은 사실상 그 비슷한 죄를 범하고 있다고 생각합니다. 그것은 바로 대영박물관 검열입니다. 그것은 해선 안 될 나쁜 짓입니다. 책을 불사르는 것만큼 나쁩니다.

그리하여, 사회자는 데이비드 윌슨 경이 스스로를 구할 수 있도록 몇 번, 그것도 공손하게 기회를 만들어주려 했다. 데이비드 경은 질문을 받았을 때 예의상이라도 자신의 발언을 수정할 수 있었다. 그는 말을 시작할 때와 마찬가지로 그리스 애국자들은 파시스트라며 말을 맺었다. 하지만 이것은 영국인 친구들과 이런 그리스 애국자들에게 협력하는 자들이 히틀러의 모방자라는 혐의에 대한 서두를 열었던 것일 뿐이다. 다시 한 번, 너무 뻔한 것들이 되풀이되지 않을 수 없었다. 바로 그리스 국가 혁명

이전 그리고 그리스 국가의 탄생 이전에 파르테논의 훼손을 반대했던 영국의 국제주의자들이었다. 이들의 의도와 그리스 정부의 의도는 적합한 박물관을 건설하는 것이지 박물관을 파괴하는 것이 아니다. 이 박물관이 아크로폴리스 언덕에 세워지고 있다.[122] '문화'라는 단어를 들으면 데이비드 윌슨 경은 산탄총에 손이 갈 것이다.

같은 프로그램에서 엘긴 백작 11세는 훨씬 더 침착하게 (내 표현으로는 훨씬 더 영국인답게) 개입해서 주목을 받았다. 메르쿠리 여사의 방문에 관한 의견을 묻자 백작은 이렇게 대답했다.

지난번 메르쿠리 여사가 오셨을 때 아쉽게도 저는 선약이 있었습니다. 급조한 약속이 아니었고, 브라이턴의 파빌리온에 있었기 때문에 그녀를 만나러 갈 수 없었습니다. 매우 아쉬웠는데, 기회가 되어 그녀를 만나 고견을 들었다면 더 좋았을 것이기 때문입니다. 그녀는 아마도 화려한 언변으로 위대한 감정을 담아 말씀하셨을 테죠. 제 생각에 위대한 감정이 아니었다면 저의 조상께서 그런 일을 하지 않으셨을 테니까요. 제 말은, 엘긴 경께서 둔감하고 무미건조한 어른이셨다면, 그냥 고용한 화가들에게 그림을 그리게 해서 어깨를 으쓱하고는 끝내고, 떠났을 것입니다.

고조부가 그런 일을 하지 않았더라면 좋았겠느냐는 질문에 엘긴 백작

11세는 다음과 같이 대답했다.

> 당연히 그렇습니다. 고조부께서 원래 계획대로 밀어붙였기를 몹시도
> 바랍니다. 왜냐하면, 내 말은, 가족에게도 재앙이었기 때문입니다. 재정
> 적인 관점에서도 재앙이었고, 그래서 덧붙이자면 당신들은 … 견뎌야 했
> 고, 조각상에 관한 농담들이 만들어졌고, 당신들이 잃든 말든. 내 말은,
> 이것은 … 당신이 공개석상에 나타날 때마다, 누군가 폭소를 떠드리는 매
> 우 슬픈 상황이라는 것입니다. 정말 슬픕니다.

어떤 사람들은 유능한 백스터의 계획과 지략보다 엠즈워스 경의 허세
가득한 솔직함이 더 마음에 들지도 모른다.[123]

선례에 대한 영국인들의 집착에 대해 글을 쓰면 아마도 도발적인 논문
한 권이 족히 나올 것이다. 이 논문은 대리석 조각상의 반환은 대영제국
의 종말을 고하는 것이며 큰 까마귀가 런던탑을 떠날 것[124]이 분명하다는
논쟁이 벌어지고 한참 뒤에, 이 사안에 대해 의논하고 이해하라며 나라의
녹을 받아먹는 사람이 가장 상스럽게 이를 오용하며 히스테리에 기대는
것이다. 이 민족적 불안감을 F. M. 콘퍼드[125]가 소논문 《마이크로코스모

---

123 엠즈워스 경Lord Emsworth과 백스터Baxter는 영국 유머 작가인 P. G. 우드하우스Woodhouse
(1881~1975)의 소설 여러 편에 등장하는 인물이다. 백스터는 엠즈워스 경의 비서로 다양한
분야에서 실력을 발휘하는 전문가이다.
124 런던탑에 큰까마귀가 여섯 마리 이상 남지 않으면 왕실과 영국이 몰락한다는 미신이 전해진다.
125 F. M. Cornford(1874~1943). 영국의 고대 그리스 철학자이자 시인으로 케임브리지 대학교

그라피아 아카데미카》[126]에서 예리하게 포착해냈는데, 1908년에 케임브리지 바우스 앤드 바우스 출판사에서 출판되었다. 콘퍼드는 파비우스 막시무스 전술이 대학 교수 휴게실과 대학 이사회에서 어떻게 적용되는지에 대해 썼다. 그러나 그가 관료주의적인 전술가들에게 한 충고는, 데이비드 윌슨 경보다는 생각이 더 명료한 사람들이 받아들였을 때 더 유익했을 수도 있을 것이다. 논문의 7장은 제목이 '논쟁Arguments'인데, 특히나 명료하다.

논쟁에서 무언가를 해보자는 주장은 오로지 하나뿐이다. 나머지는 아무것도 하지 말자는 주장이다.

신석기시대가 끝나 돌이 더 이상 쓰이지 않게 된 이후, 보편적 활용법universal application을 둘러싼 서로 다른 두 논쟁이 인류의 창의력 덕분에 수사학의 도구함에 추가되었다. 두 가지는 매우 흡사하고, 그리고, 돌도끼처럼, 정치적 동기에 예민하다. 그것은 쐐기Wedge와 위험한 선례Dangerous Precedent라 불리는 것들이다. 두 개념 모두 익숙하지만, 그 안에 포함된 원칙, 곧 무용無用의 규칙은 거의 완벽하게 설명되지 않는다. 그것들은 다음과 같다.

쐐기의 원칙Principle of the Wedge은 당신이 미래에 더 바른 행동을 할 것이

교수를 지냈다. 특히 플라톤 저작에 관한 주석서로 유명하다.
126 Microcosmographia Academica. 그리스어로 '작은 학계에 관한 연구'라는 뜻이다.

라는 기대가 커지는 것이 두려워—기대를 충족시킬 용기가 없을까 봐 두려워 지금 바른 행동을 하지 않는 것이다. 조금만 생각해보면 쐐기 논쟁은 이 논리를 채택한 사람들이 이런 행동이 올바른지 증명할 수 없다는 사실을 넌지시 인정하고 있음이 분명해질 것이다. 만일 그들이 그럴 수 있다면, 그것은 그렇게 하지 않는 유일하고도 충분한 이유가 될 것이므로, 이 논쟁은 불필요해질 것이다.

위험한 선례의 원칙Principle of the Dangerous Precedent은 당신, 또는 비슷하게 소심한 후임자들이, 미래의 어떤 경우에 옳은 일을 할 용기가 없을까 봐 두려워서 틀림없이 옳은 일인데도 지금 하지 않는 것이다. 가설에 따르면ex hypothesi, 미래의 옳은 일은 근본적으로는 다르지만 표면적으로는 현재의 옳은 일과 유사하다. 관례적이지 않고, 또 옳든 그르든 모든 공적인 행동은 위험한 선례이다. 결과적으로 처음 하는 일은 그 어떤 것도 해선 안 된다.

또 다른 논쟁은 '아직 때가 이르다the Time is not Ripe'라는 것이다. 설익은 시간의 원칙The Principle of Unripe Time은 옳다고 생각한 순간이 아니면 일을 하지 않는다는 것이다. 왜냐하면 그들이 맞다고 생각한 순간이 아직 오지 않았기 때문이다. 그러나 시간의 설익음은, 어떤 경우에는 "박사가 - 말할지 몰라" 같은 골칫거리 안에 놓여 있음을 알게 될 것이다. 어쨌든, 시간은 서양모과와 같아서, 익기도 전에 썩어버리는 속임수를 품고 있다.

콘퍼드는 천재적인 전술가였을 뿐 아니라 현장에서 상당한 경험을 쌓았다. 그는 이 참호에서 저 참호로 재빨리 움직이면서 다른 종류의 연막을 터뜨리는 오늘날의 교활한 보존 지지자들의 전략에 대해 꼭 집어냈다. 지금껏 그 어떤 종류의 위원회에 앉아 있던 누구도 우리의 현대 보유론자들이 이렇듯 시간 낭비자의 본보기임을 인지하지 못했던 것이 바로 그 때문이다.

6. 현대 그리스인은 진짜 그리스인이 아니므로 페리클레스나 페이디아스의 조각에 대해 자연적 권리든 무엇이든 요구할 자격이 없다.

이 주장에 대해서는 이 책 앞과 다른 글에서 이미 많이 다루었는데, 나는 현대 그리스인들도 그리스인Greeks are Greek이라고 잠정적 가정을 세웠다. 현대의 보유론자들은 종종 이것을 이용해 가장 무례하게 반론을 제기한다.(사실 엘긴 경이나 그 패거리*équipe* 누구도 여기에 관심을 두지 않았다. 그들은 그리스인들을 멸시하기는 했지만 소위 그리스인이라는 주장 자체를 부인하지는 않았다.)

그리스인의 연속성에 대해 설명할 때 몇 가지 단어가 유용할 수 있다. 표면적으로 독일 민족학자 야콥 필립 팔메라예르라는 부담을 떠안지 않으면 논쟁할 거리가 충분치 않다. 그는 모든 것이 피에 달려 있고 그리스인들은 고대인의 핏방울classical drop이 없다고 생각했다.

그리스어는 예수가 태어나기 1,400년 전의 서판에 기록된 형태로 발견되었다. 비록 미케네 시대가 끝나고 오늘날의 우리가 아는 그리스어 문자가 출현하기까지의 몇 백 년 동안은 문해를 하지 못했지만, 여전히 그리스 세계의 일부, 특히 키프로스에서는 지속되어왔다. 숱하게 점령당해 (팔메라예르의 주장을 인정할 수밖에 없는 잠시 동안이 있었더라도) 혼혈했음에도 불구하고, 그 나라와 그 나라 사람(그들의 언어)의 독특한 상징은 분명하고 또 추적이 가능하다.

더 이상 그리스인에 대한 부당한 추정은 언급하지 않으려 한다. 케임브리지 대학교 고고학과 교수인 A. M. 스노드그래스는 이렇게 썼다.

그리스인은 항상 자신들의 문화가 청동기시대, 곧 크레타와 미케네 시대에 시작되었다고 믿었다. 호메로스의 서사시와 위대한 비극의 시대, 곧 오이디푸스와 아킬레스, 오디세우스, 아가멤논 같은 전사들과 영웅들이 살던 때에 시작되었다고 믿었던 것이다. 이 전설들은 19세기에 하인리히 슐리만이 트로이와 미케네에서 증거를 발견해 세상을 놀라게 하면서 실제임이 확인된 듯 보였다. 한편 아서 에번스는 크노소스 발굴을 통해 그리스 문명을 근대 세계에 처음으로 알렸는데, 그 덕분에 테세우스의 이야기는 믿을 만해 보인다. 최근에는 미케네 세계의 언어가 진짜 그리스어의 초기 형태라는 사실이 성립됨으로써 신화와 역사가 좀 더 가깝게 그려져 왔다. 가장 분별 있는 고고학자는 그리스인들, 그들이 우리에게도 계승되었다는 과거의 이미지를 억누르기 힘들어 한다는 사실을 알 수 있다.

옥스퍼드 대학교에서 시학詩學을 가르친 고故 피터 레비 교수는 그리스 문학에 관해 비슷한 주장을 내놓았다.

초기 그리스의 산문과 시가 우리에게 인상적일 수밖에 없는 것이, 다른 어디에도 기록이 남아 있지 않은 인류의 발달 단계와 범위 또한 보여주기 때문이다. 그리스인들이 읽고 쓰는 법을 배웠다는 사실은 이런 발달의 원인이자 결과이고, 쓰인 역사와 시가 처음으로 밝혀진 그 순간 그리스 사회의 변화를 역추적하게 된다. 무엇보다 그리스 문학 가운데 가장 흥미진진한 것은 심지어 고대 라틴 문학보다 훨씬 더 시기상 앞선다는 점이다. 그리스 작가들은 충분히 명료하고 철학적이었다. 그들의 사고가 여전히 기본적으로는 강력할 때나 문자를 사용하기 이전 조상의 뇌에 기초해 기발한 문학 장치를 만들 때조차 말이다. 기록된 언어만이 살아남아 재발견됨으로써 새로운 미래에 영향을 주므로, 유럽 문학 대부분은 이처럼 불안정하고 우연적인 토대 위에 세워졌다. 초기 그리스 작가들은 특별한 순수성과 독창성의 후광을 가지고 우리 앞에 나타난 셈이다.

그리스 철학에서는 버클리 대학교의 A. A. 롱 교수가 "인간 질서와 합리성, 자연적 사건 간의 유사성을 감지하지 못했다면 그리스인들은 우주를 발견하지 못했을 것이다"라는 흥미로운 말을 했다. 이는 코스타 카라스[127]의 인상적인 성찰과도 잘 들어맞는다. 다음을 보자.

---

[127] Costa Carras. '헬레니즘 문화유산과 환경 보호 학회Hellenic Society for the Protection of Cultural

그 유명한 에게 해의 투명한 빛, 은은하면서 부드럽게 어우러지는 산과 바다, 언덕, 만, 평야, 어느 하나가 다른 것을 제압하지 않는 것이 그리스인의 정체성, 그리스의 성취의 원천과 발달에 상당한 관련이 있다는, 일종의 시적이지만 진지한 가설이 종종 주장되어왔습니다.

언어와 자연, 국민의식, 철학적, 예술적 전통이 연속성을 갖지 못하면 각각을 알기가 어렵다. 어떤 유럽인도 비슷한 주장을 하지 못할 것이 분명하다(그리스 사람들이 이 주장의 성격과 범위에 대해 열띤 토론을 하고 있다고 말하는 게 옳다 할지라도. 이 자체가 살아 있다는 증거다). 게다가 그리스인들은 수세기 정복당하고 점령당하는 동안에도 자신들의 문화유산과 정체성을 지켜왔다. 그리스인들은 스스로를 일컬어 그라에시Graeci, 이오니아인Ionic, 헬레네Hellenes 또는 (로마 제국 아래서와 그 후, 그리고 현재까지) 로미오Romios라고 다양하게 불러온 것과 상관없이, 자신들의 나라라고 부를 만한 국가가 없을 때조차 스스로를 구분하는 정체성을 유지하고 있었다. 그리스인들이 1821년 독립 전쟁을 통해 오스만제국으로부터 벗어나면서 그들이 이룬 이성적이면서도 유럽적인 문예부흥은 말하자면 손 닿는 곳에 있는 고대의 이미지와 전통에 의지했다는 게 그 특징이다

지금까지 언급한 다양한 분야에서 한결같이 느껴지는 권위는 내핍과 결합된 대칭과 균형이라는 개념이다. 과거의 위대하지만 퇴색해간 문명

Heritage and Environment '의 대표.

대부분과 다르게, 그리스인들은 사치나 허세로 악명을 떨치지 않았다. 비옥하지 않은 땅과 산, 해안은 그 아름다움에 대한 복수였으며, 장식은 상당히 절제되었다.

파르테논은 이와 같은 국가적 조화의 단일한 결합물에 가장 근접했고, 한때 화려하게 치장되었음에도 결코 저속하거나 야만적이지 않았다. 오늘날의 가난한 그리스인은 더 이상 서기전 5세기의 조상들처럼 파르테논이 자신을 배제하거나 감명을 주거나 억압하기 위해 설계되었다고 느낄 필요가 없다. 피라미드나 바빌론, 카르나크, 콜로세움과 달리, 파르테논은 노예노동으로 만들어진 기념물이나 절대 권력을 찬양하는 신전이 아니다. 또한 글을 읽고 쓸 줄 아는 오늘날의 그리스인은 아무리 보잘것없어도 아크로폴리스 박물관에 소장된 유물들에 적힌 글을 읽어낼 수 있다. 일부 영국 비평가들은 이런 남자 혹은 여자를 두고 진짜 그리스인이 아니라고, 그리스인이 '진짜 아니'라고 조롱할 때 그렇게 판단할 충분한 기준은 정한 것일까?

만일 내가 앞서 말한 모든 것에서 흠을 잡아낼 수 있고, 심지어 이 세상에 마지막 남은 그리스인 한 명이 언어와 함께 죽는다면, 그리스의 대칭은 여러 문화에 선물로 남을 것이며, 조각상들은 건물이나 아테네로 복원될 것이다.

소박한 제안

파르테논 조각상을 둘러싼 논쟁은 많은 부분이 반복되는 수렁에 빠지고 또 진부한 논쟁으로 막혀 있다. 엘긴은 이타주의자였는가? 대영박물관은 그의 유산을 지켜야 할 책무가 있는가? 그리스인들은 자신들의 고대 유물의 관리자로서 적합한가? 이 모든 질문을 숙고함으로써 배워야 할 것이다. 하지만 이것들을 숙고하느라 엄청난 것을 볼 기회를 잃는다면 안타까울 것이다. 영국 공무원 측이 법과 원칙의 표상에 의거해 소유물에 대한 입장을 정확히 세우지 않는다면, 우리는 이 기회에 장관을 지켜볼 수 있게 될지도 모른다.

이 순간에도 파르테논과 아크로폴리스를 복원하려는 엄청난 노력들이 진행되고 있다. 대영박물관 출신의 주도적 인물들을 포함해 분야를 망라한 독립 학자들이 이 사업에 찬사를 보내고 있고, 이들 중 많은 이가 직접 참여하고 있다. 이 건축물들에 보존되고 강화될 수 있는 것들은 보존되고 강화될 것이다. 다시 올릴 수 있는 조각은 다시 올려질 것이다. 그리고 박물관으로 옮겨야 할 것들은 인접한 박물관으로 옮겨질 것이다. 널찍하고 균형이 잘 잡힌 구역이 준비되고 있고, 그사이 목록에 실리지 않고 여기저기 흩어져 있던 돌 조각들을 가려 분류하고 있다.

요약하면, 영국인들은 이 특별한 프로젝트에 동참하라고 초대받았다. 의회가 관대하게 간단한 법률만 하나 만들었다면, 영국인들도 파르테논 재건의 공동 창립자가 되고 아크로폴리스의 부활에 파트너가 될 수 있었다. 그리스가 자유로운 독립국이 된 이후 처음으로 아테네를 찾은 방문객은 페리클레스와 페이디아스의 살아남은 조각들 전부를 하루 만에, 그것도 그들이 본래 계획한 맥락 안에서 볼 수 있었다. 이처럼 비할 데 없는 장소를 '공개'한다고 선언할 수 있는 날, 이 덕분에 영국 의회의 의원들은 "우리가 보유하고 있으니 우리 것"이라는 쩨쩨한 고집을 버리고 바이런과 해리슨, 세페리아데스 등의 명쾌한 논쟁에 귀를 기울일 것이다. 그리스 독립과 바이런 사망 100주기를 기념한 1924년이었다면 훨씬 더 좋았을 수도 있다. 1945년에 그리스 전쟁 영웅에 기리며 헌정했다면 더 좋았을 것이다. 1988년 바이런 탄생 200주년 기념식이 관료들에 의해 취소될 때까지 수많은 다른 기회들을 놓쳐버렸다. 하지만 특별한 계기가 필요하다면 신선한 기회가 조만간 다가온다. 2001년이라는 또 다른 200주년이 기다리는 것이다. 엘긴 경이 아크로폴리스로 원정에 나선 지 2세기가 되는 해이다. 많은 사람들이 '새로운 천 년'을 어떻게 기념할지 생각하고, 지구촌 가족이라는 글로벌한 개념에 대한 깊은 공감이나 약속을 표하려는 일들이 시작되고 있다. 그리스인뿐만 아니라 더 큰 집단의 일원으로서 어쩌면 우리는 작은 법령 하나를 소박하게 제의해도 되지 않을까? 영국 하원 전(前) 의장이 말했다. "파르테논 조각들을 원래 속한 곳으로 돌려놓는 최후의 조치를 취하는 정부는 그 아량에 갈채를 받을 것입니다." 누가 감히 이 제안을 두고 '문화적 파시즘'이라고 말하는가? 아직 반환을 위해 조치를 취할 수 있는 시간이 있다. 압력이나 불평에 의해 갈취당하지 말고 자유롭게 예술과 (왜 태연히 말하지 못하는가?) 또 정의의 불가분성에 경의를 표하자.

3
아크로폴리스 유적 복원 사업

차라람보스 보라스

아크로폴리스 기념물은 우리가 다음 세대에게 물려주어야 할 가장 중요한 문화 자산이다. 이 아크로폴리스 기념물을 보존할 (가능하면 개선할) 막중한 의무와 책임이 우리 어깨에 있으니, 다음 두 이유 때문이다. 첫째, 과거 가치를 보존하는 것이 현대 사회에 절박해졌다. 둘째, 고대부터 현재에 이르기까지 관리되지 못한 채 남겨진 고대 유물들을 처리할 방법을 우리가 이제 처음으로 알게 되었다.

오늘날 아테네 아크로폴리스 유적은 전 세계 사람들이 찾아오고 있지만, 어떻게 만들어졌고 어떤 기구한 역사를 거쳤는지에 관해서는 많이들 알지 못한다. 유적 자체 그리고 그에 관한 비교적 적은 수의 자료를 통해 추정할 수 있을 뿐이다. 그나마 우리가 볼 수 있는 것이 본연의 찬란한 빛을 잃은 잔해가 대부분이라서 이것들을 건설할 때 사용한 방식과 도구 그리고 이것들을 덮친 역사적 불행에 대해서 모두 파악하기 어렵다. 그럼에도 이 유적들은 놀랍도록 조화로운 건축의 비례뿐만 아니라 고대 그리스의 철학자 플루타르코스가 말한 "시대를 넘어서는 영원한 아름다움"을 간직하고 있다. 예술적, 역사적, 감성적, 환경적 측면에서 그 가치를 견줄 것이 현대 세계에 없는 유일한 유적이다.

따라서 아크로폴리스 기념물은 우리가 다음 세대에게 물려주어야 할 가장 중요한 문화 자산이다. 이 아크로폴리스 기념물을 보존할 (가능하면

| 1975년 복원을 시작하기 전의 파르테논 모습

개선할) 막중한 의무와 책임이 우리 어깨에 있으니, 다음 두 이유 때문이다. 첫째, 과거 가치를 보존하는 것이 현대 사회에 절박해졌다. 둘째, 고대부터 현재에 이르기까지 관리되지 못한 채 남겨진 고대 유물들을 처리할 방법을 우리가 이제 처음으로 알게 되었다.

아테네 아크로폴리스의 4대 주요 기념물은 서기전 5세기부터 오늘날까지 대체로 인류의 행동 때문에 수모를 겪어왔다. 앞에서 언급한 역사적 공백기 탓에 그동안의 파괴와 개조의 이유를 추적할 수는 없지만, 그 결과는 우리 모두가 눈으로 확인할 수 있다. 이른 시기에는 훼손을 복구하고 보존하기 위해서가 아니라 온갖 용도로 계속 활용하는 것이 활동의 목적이었던 반면, 1897년부터 1933년까지의 개입 프로그램은 유적의 보존

| 대기오염으로 부식된 대리석들

보다는 복원이 목표였다.

1975년 K. 카라만리스 총리와 K. 트리파니스 문화부 장관의 주도로 시작한 이 활동은 오늘날까지 지속되고 있다. 그때 과거 10년 넘게 축적돼온 경험을 바탕으로 손상을 즉시 처리하기 위해서 유적복원 위원회가 창설되었다. 한편으로 가장 심각한 문제는 이전의 복원(1897~1933) 때 채택한 재료와 방식이 잘못되었다는 것이고, 다른 한편으로는 대기오염으로 인해 흰 대리석 표면이 부식되어 조각이 돌이킬 수 없을 정도로 훼손되었다는 것이다. 가장 큰 문제는 발라노스 복원 프로젝트 동안 고대

| 클램프(왼쪽), 티타늄 클램프

대리석의 일부가 된 철제 부속물(빔, 클램프, 철사 등)이었다. 이 부속물은 녹이 슬기 시작하면서 부피가 증가해 어떤 경우엔 붕괴까지 일으키는 손상을 초래한다. 두 번째 주요 문제인 아테네의 산성비와 대기오염은, 위험에 처한 조각들을 박물관의 보호를 받을 수 있는 밀폐된 공간으로 옮기고 그 자리에 똑같은 복제품을 놓아 해결했다. 이것은 고대 그리스의 기념물들이 모르타르(시멘트)를 사용하지 않고 각각의 대리석 건축 구성 요소들이 서로 꼭 들어맞도록 했기 때문에 가능했다.

아크로폴리스 유적보존 위원회[1]는 고고학자, 건축가, 토목공학자, 화학공학자가 협력해서 유적에 대해 다학제적 접근법을 시도했다. 이들은 직접 관찰에 기초한 보고서에 힘입어 자신들의 역량을 발휘해 문제를 진단했다. 이 위원회가 처음 시행한 활동은 젊은 공학자들과 고고학자들로 구성된 기술국Technical Bureau의 창설이었다. 이들은 훼손 상태를 진단하고

---

1   The Committee for Conservation of the Acropolis Monuments.

최종적인 대책을 마련하기 위해 새로운 자료에 기초해 체계적으로 분석했다.

유적보존 위원회는 활동을 시작한 처음부터 수리와 복원 과정에 지침이 되어줄 이론적 원칙을 확고하게 정했다. 최우선은 4대 기념물에 영향을 줄 다양한 프로그램으로 했다. 그리고 온갖 종류의 개입에 대한 승인 절차를 정했다. 목표는 고대 기념물의 부분을 재건하는 것이 아니고, 펜텔리콘산 대리석을 사용할 건축 부재部材나 그 부분의 건설을 제한해 최소화하는 것임을 분명히 했다. 이런 재건 방식은 원위치로 돌아가야 할 고대 부재를 지지하거나 보강할 때만 승인되었다. 다시 말하면, 발라노스가 복원한 결과인 현재 기념물들의 외관을 바꾸지 않는 선에서 최선을 다했다.

이론적 원칙에는 국제헌장인 '베네치아 헌장'(1964)[2]에 채택된 조항들과 고대 그리스 기념물의 성격과 그 고고학적 가치에 대한 두 원칙이 포함된다.

첫 번째 원칙, 곧 가역성可逆性의 원칙은 고대의 재료를 최대한 존중하는 것이다. 기념물의 진짜 부재는 깎아내지 않고, 새 대리석을 옛 유적에 추가할 때는 실수할 경우를 대비해 손상 없이 제거할 수 있게 한다. 당연히, 가역성을 담보하기 위해서는 완벽한 기록과 관련 자료가 모두 담긴

---

2   1964년 베니스에서 열린 '제2차 역사적 기념물의 건축가 및 기술자의 국제회의'에서 기념물과 사적지의 보존과 복원을 위한 국제헌장이 채택되었는데 이를 '베니스 헌장'이라 부른다.

데이터베이스가 필요하다. 두 번째 원칙은 건축 부재의 본래 독립성을 보전해야 하는 것이다. 필요한 곳에 대리석을 접합하고 추가해 원래 대리석 파편들이 고대에서와 똑같은 구조적 기능을 할 수 있게 한다.

일단 작업이 시작되자, 건축 부재들은 원위치에 놓여야 한다는 원칙이 실행되었다. 1891년부터 1933년까지 발라노스가 복원하는 동안, 여러 이유로 부재들이 원래 자리하던 곳이 아닌 다른 곳에 배정되었다. 고대 클램프들의 위치를 찾기 위해 절단하는 방식을 택하면서 떨어져 나온 건축 부재들의 원위치와 그 후 재배치된 위치를 파악할 수 있었다.

위원회와 기술국은 먼저 각 기념물에 대한 복원 프로그램을 결정하고 나서 훼손 정도에 따라 우선순위를 정했다. 다시 말하면, 구조 작전이 급

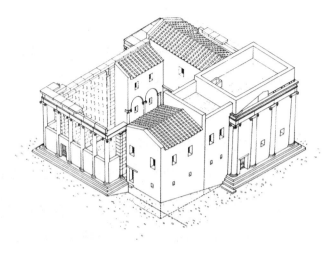

오스만제국 때 주거지로 쓰이면서 많이 개조된 에레크테이온

선무였다. 예컨대, 1981년 아테네 지진으로 많이 훼손된 파르테논 동쪽 측면에서는 다른 책임자가 이끄는 여러 팀이 두세 가지 프로그램을 동시에 실행했다.

에레크테이온 신전의 복원이 최우선 순위로 정해졌다. 과거 복원 때 박아넣은 철제 빔이 녹슬어 심각한 상태인 데다가 카리아티드를 밀폐된 공간에서 보호해야 했기 때문이다. 이 신전은 6세기에 교회로 전용되면서 구조가 대폭 변경되었던 모양인데, 그럼에도 굉장히 양호한 상태로 보존돼 있었다. 화재로 훼손된 부분은 아우구스투스 황제가 재위했던 기간에 복원을 진행했던 것으로 보인다. 오스만제국 시기 동안에는 주거지로 전환되었고, 엘긴 경이 카리아티드 한 개와 동쪽 측면의 기둥 하나, 건물의 크라우닝 장식decorated crowning 하나를 약탈하면서 훼손되었다. 에레크테이온은 1821년 독립 혁명 동안 또다시 심각하게 손상되었는데, 이후로 다양한 복원 계획이 잇따랐고 그중 마지막이 발라노스가 진행한 것이었다(1902~1909).

현재의 복원 프로그램은 1979년에 시작되었다. 카리아티드가 있는 프로스타시스[3]와 북쪽 프로스타시스의 녹슨 빔을 티타늄 빔으로 교체하는 작업이 포함되었다. 카리아티드를 떼어내고 그 자리에 인조석으로 만든 복제품을 놓았다. 북쪽과 남쪽 벽에 석회암을 사용한 블록을 완성해 재배열했다. 신전의 동쪽 프로스타시스의 모서리뿐 아니라 지난 100년간 대영박물관에 있던 기둥도 복원했다. 이런 조치는 에레크테이온의 전체 외관을 개선하기 위해 필요하다고 여겨졌다. 이 신전은 고대 그리스 조각으로서는 이례적인 배열 방식을 보여준다. 동쪽 측면은 기존의 기둥 6개 대신에 5개를 배치하면서 이 기념물을 더욱 수수께끼처럼 만들었다. 발라노스는 신전의 양 측면에서 북쪽 벽의 블록과 남쪽 벽의 블록을 서로 바꾸어놓았다. 이것은 방법론 연구 뒤 확인되었는데, 새로운 대리석으로 블록을 만들어 바로잡아야 했다.

파르테논 신전은 워낙 훌륭하게 건설되었기에 인간이 손을 대지 않았다면 영구적으로 유지되었을 수도 있었다. 정확히 언제(아마도 3세기) 대규모 화재가 일어나서 켈라 내부(곧 나오스)와 주랑의 대리석 소피트[4]가

---

3 prostasis. 파르테논의 독특한 현관 장식.

소실되었는지 알려지지 않았다. 360년 무렵 아테나 여신에 대한 제의를 계속하기 위해 수리가 진행되었을 것으로 짐작된다. 하지만 복원은 이런 걸작의 가치에 어울리지 않는 낡은 재료로 땜질한 것에 가까웠다.

파르테논 신전이 기독교 교회로 개조되면서, 성소용 애프스가 동쪽 측면에 추가되었고 그 조각 장식 부분(주로 페디먼트의 메토프와 조각상)은 돌이킬 수 없을 정도로 훼손되었다. 이후 몇 세기 동안 파르테논은 아테네 그리스정교회의 대성당으로, 가톨릭교회로, 그리고 이슬람 모스크로 전용되었다. 가장 심각한 대참사는 모로시니가 이끈 베네치아군이 투르크와의 전쟁 때 그리스에서 주둔하는 동안(1687) 포격으로 신전 지붕을 날린 것이다. 이 훼손으로 1세기 뒤 엘긴 경이 그곳에 남아 있던 조각 대부분을 조직적으로 약탈할 수 있었다.

1821년 독립 혁명 동안 아크로폴리스는 두 차례 포위되었고 더욱 심각한 손상을 입었다. 재건은 1830년 이후 최근의 폐허를 제거하고 상당한 재배열을 시작한 첫 번째 복원이 계속되었다. 피타키스와 로스, 폰 클렌체라는 이름은 이 기념물을 서양 문명의 상징으로 바꾸어놓은 낙관주의 시기와 낭만적 고전주의의 시기 동안 아크로폴리스에서 진행한 첫 번째 활동과 연결되어 있다.

짐작한 대로 이 첫 번째 복원은 체계적인 연구나 복원 원칙에 기반을 두지 않았다. 이들의 의도는 단순히 흩어져 있는 건축 부재를 그러모아

4　　soffit. 건물에서 실내에 장식적인 돌출부나 천장에 매어 달리는 것의 아랫면.

아크로폴리스 유적 복원 사업 / 차라람보스 보라스

이미 무너진 벽이나 기둥들을 받치고 고대 기념물의 판독성recognisability을 최대화하는 것이었다. 파르테논의 안쪽 성소와 프로필라이아의 아카욜리 탑 안의 교회 애프스를 제거한 것은 고전기의 형태 그리고 고대의 문화유산을 보여주기 위함이다.

발라노스의 대규모 복원 계획은 1894년 지진으로 이 기념물들의 상태에 대해 걱정이 생겨났을 때 시작되었다. 그의 의도는 여기저기 흩어져 있는 재료, 이를테면 아크로폴리스 주변에 널려 있던 건축 부재를 사용한 아나스텔로시스anastelosis (가장 엄밀한 의미의 복원)를 통해 기념물들의 이미지를 풍부하게 하는 것이었다. 이 목표는 존경할 만했고 전 세계의 찬사를 이끌어냈다. 발라노스는 3세대 동안 경배자들에게 익숙한 아크로폴리스의 이미지를 만들어냈다. 그럼에도 그는 철제 부속물을 그대로 사용했고, 재배열을 위해 고대 부재들을 깎아냈고, 원래 자리에 대한 수색을 피하기 위해 비슷한 부재들의 배치를 뒤바꾸는 심각한 실수를 저질렀다.

앞에서 이미 지적한 대로, 철이 녹슬어 팽창하면서 다른 기념물은 물론, 파르테논 신전에서도 큰 문제가 발생했다. 더욱이 발라노스는 북쪽과 남쪽 콜로네이드에서 새로운 드럼이 발견되자 이전 것과 구별하려고 석회암 위에 모르타르 시멘트를 아주 두껍게 바른 다음 언젠가 녹슬어 기둥 외형을 망가뜨릴 철제 막대로 보강했다.

파르테논의 구조는 외관으로 볼 때보다 훨씬 더 심각하다고 판명되었다. 발라노스 복원 때 집어넣은 녹슨 철을 포함한 건축 부재에 대한 해체를 시작하자 고대 이후로 옮겨지지 않은 다른 부재들이 드러났다. 고대의 화재나 1687년 폭발로 인해 벌어진 균열은 이후 지진으로 틈이 더 넓어졌다. 이 파편들은 비교적 수명이 긴 티타늄 막대와 특수 시멘트를 써서 접합하려고 노력했다.

파르테논 복원 프로젝트는 12단계 프로그램으로 분할되었고, 1983년에 시작되어 점진적으로 실행되고 있다. 1단계 프로그램에는 발라노스가 신전 동쪽 부분에 사용한 녹슨 철사를 제거하는 것뿐만 아니라 메토프를 떼어내 박물관으로 옮기는 작업이 포함되었다. 코니스 전부와 엔타블러처의 북동쪽 모서리를 잠시 해체했고, 고정된 동서쪽 모서리의 코니스를 완성했다. 2단계 프로그램은 (역시나 고정된) 남쪽 콜로네이드에 속하는 동쪽에서 다섯 번째 기둥을 완성했다.

　오피스토나오스^{opisthonaos}(켈라의 후면) 재건 프로그램은 부서진 많은 건축 부재들(아키트레이브, 프리즈의 내부 인방^{lintel}, 트라노스^{thranos})을 접합하는 복원뿐 아니라 서쪽 프리즈를 내려 박물관으로 옮기는 작업이 포함되었다. 길이가 20미터에 달하는 페이디아스의 서쪽 프리즈는 엘긴 경의 약탈 이후 신전에 남은 유일한 고대 조각이었다. 이 작업은 기나긴 토론 후에 시작되었는데, 베니스 헌장에서 붕괴될 위험이 있을 때가 아니라면 건축 기념물로부터 조각이나 회화 작품을 제거하면 안 된다고 했기 때문이다. 하지만 차단막을 설치한 뒤에도 아테네의 대기오염—1975년과 비교하면 이제 줄어든 게 분명한—은 페이디아스의 부조 표면을 계속 훼손하고 있었다.

　프리즈의 조각들은 인조석으로 똑같이 만든 복제품으로 대체되었다. 그사이 크레타 대학교의 조사기술연구소와 협력하여 원본을 레이저로 세척했다. 대리석과 녹청에 영향을 주지 않고 방사선으로 묵은 때를 제거했다. 켈라의 고대 측벽의 확장과 보완적 복원은 계속 진행 중이다. 발라노스 복원 작업 때 무차별적으로 건설된 벽 일부를 해체해야 했고, 석회암 블록의 원래 위치를 정하기 위해 세밀한 연구가 진행되었다. 파르테논 북쪽 열주에 관한 작업 프로그램은 2001년에 시작되었고 여전히 진행 중이다. 기둥 여덟 개는 발라노스가 복원했는데(1923~1933), 그 안에 집어넣은 철제 막대와 철사 때문에 엔터블러처 전체의 상태가 좋지 않았을 뿐만 아니라, 시멘트 드럼이 추가되고 고대의 드럼과 기둥머리는 잘못된

위치에 놓여 있었다. 이들의 원위
치를 찾기 위해서는 새로운 연구
가 진행되어야 했다. 북쪽 측면은
7개의 메토프를 더 내리기 위해 서
쪽으로 복원이 확장되었고—불행
히도 깎아냈지만 고대의 위치에서
옮겨지지는 않았다—그것들을 밀

크레타 대학교의 조사기술연구소와 함께 레이
저로 세척했다.

폐된 보호 공간으로 옮겼다(2007). 이 메토프들은 조만간 똑같이 만든 복
제품으로 대체될 예정이다.

파르테논 프로나오스pronaos(후실)는 1994년에 개선을 시작했는데, 수
리가 아니라 복원의 성격을 띤다. 6개의 기둥이 있는 사원 동쪽 측면의
안쪽 프로스타시스는 1687년 폭발 때 붕괴되었음에도, 기둥 드럼과 아키
트레이브 대부분이 바닥에 흩어져 있어서 복원할 수 있었다. 마지막으로,
기둥 두 개는 아키트레이브와 낮은 쪽의 또 다른 세 개가 남아 있어서 다
시 세울 수 있었다. 기둥에 아직 세로 홈[5]은 파지 않았다.

프로필라이아에서는 발라노스가 복원한 대리석 물막이공 소피트와 중
앙 건물의 주랑이 심각한 문제를 일으켰다. 집어넣은 철제 부속물이 팽창
하면서 대형 빔이 갈라진 것이다. 소피트와 엔타블러처가 아크로폴리스
내부 쪽을 향하고 있어 둘 다 해체하고 티타늄을 사용해 새로 복원했다.

---

5 flute. 기둥의 몸체에 세로로 난 얕은 홈.

| 기둥머리를 복원하고 있다.

아크로폴리스에 흩어져 있는 프로필라이아 패널의 조각들은 체계적으로 목록 작업을 한 덕분에 추가 작업을 최소화하여 20개도 넘는 패널을 재건할 수 있었다. 발라노스가 세운 이오니아 양식 패널 대신, 원 재료가 보전되어 있던 덕분에 패널 두 개가 복원되었다. 하지만 원본 이오니아 양식 기둥머리는 박물관에서 보호할 필요가 있다고 생각되었고, 두 개의 똑같은 복제품이 새로운 빔 세 개와 함께 복원되었다. 프로필라이아에 이 새로운 대리석을 추가하는 작업은 소피트 복원을 의미하므로 기념물의 판별력을 높인다는 면에서 허용된다고 보았다.

아크로폴리스 입구의 작은 이오니아식 신전인 아테나 니케 신전은 과거에 두 차례 복원되었다(첫 번째는 로스와 하우젠이, 두 번째는 1930년대에 발라노스와 오를란도스가 복원했다). 그 결과는 건축 부재 가운데 진품, 다시 말해 건축 정보의 원천인 진품이 훼손되었다. 그 프리즈 부분은 대영박물관에 있고 나머지는 아크로폴리스 박물관으로 옮겨졌다. 이 신전은 전체를 해체해 대략 300개의 건축 부재들을

| 발라노스가 복원한 후의 니케 신전

찾아냈다. 녹슨 금속과 시멘트 모르타르를 세척하는 동안 (훼손되었다가 과거에 복원된) 원래 바닥도 제대로 복원했다. 이곳에서도 역시 잘못 배치된 건축 부재들의 제 위치를 찾아줄 것이며, 한편 프리즈 파편들을 정밀하게 복제해 고대 원본을 대체할 것이다.

아크로폴리스 복원이 오랫동안 꾸준히 진행되면서 이 작업에 관여한 모든 사람들 사이에 강한 믿음이 생겨났다. 고대의 기술과 최신의 기술을 모두 사용해 그리스뿐 아니라 세계에서 견줄 수 없는 가치를 지닌 문화유산을 구조하는 대★ 프로젝트를 수행하고 있다는 것이다.

2007년 7월

차라람보스 보라스(아크로폴리스 유적복원 위원회 위원장)

부록 1

파르테논 조각상의 현재 위치

메토프, 프리즈, 페디먼트 조각상의 현재 위치는 다음과 같다.

메토프

동쪽 면: 거인족의 전투
14개 패널 모두 원래 자리에 보존되어 있음

서쪽 면: 아마존족의 전투
14개 패널 모두 원래 자리에 보존되어 있음

북쪽 면: 트로이 전쟁
전체 32개 패널 가운데 11개와 일부 파편이 원래 위치에 그대로 있거나 아크로폴리스 박물관에 소장되어 있다. 보존 처리된 패널(번호는 A. Michaelis in *Der Parthenon*, 1871에 따른 것임)은 메토프 I–III, XXIV–XXV, XXVII–XXXII이

다. 메토프 IV-XXIII과 XXVI는 유실되었다.

남쪽 면: 라피테스인과 켄타우로스족의 전투

세부 설명

I   원래 위치

II   대영박물관

III   대영박물관

IV   대영박물관; 두상들은 코펜하겐 박물관에 있음

V   대영박물관; 켄타우로스족의 두상은 독일 뷔르츠부르크에 있음

VI   대영박물관

VII   대영박물관; 라피테스인의 두상은 루브르 박물관에 있고, 켄타우
        로스족의 두상은 아크로폴리스 박물관에 있음

VIII   대영박물관

IX   대영박물관; 켄타우로스족의 두상은 아크로폴리스 박물관에 있음

X   루브르 박물관

XI   파괴됨; 일부 파편이 아크로폴리스 박물관에 있음

XII   아크로폴리스 박물관

XIII   유실

XIV   유실

XV   유실

XVI   아크로폴리스 박물관; 두상 중 하나가 바티칸 박물관에 있음

XVII   유실; 일부 파편이 아크로폴리스 박물관에 있음

XVIII   유실

XIX   유실; 일부 파편이 아크로폴리스 박물관에 있음

XX   파괴됨

XXI   유실; 파편 하나가 아크로폴리스 박물관에 있음

프리즈

파나테나이아 대행렬

프리즈는 원래 제각각인 대리석 패널 115개로 구성되어 있었다. 모퉁이 블록들은 두 인접한 면에 조각이 새겨지므로 번호 두 개를 부여받았다. 예를 들어, 남쪽 면의 I 블록이 서쪽 면의 XVI 블록이고, 따라서 III 원본 대리석 블록만 있었다. 북쪽 면과 남쪽 면에 각각 47개의 패널이 붙어 있었다. 서쪽 면에는 14개, 동쪽 면에는 7개의 패널이 있었다. 이 패널들의 번호는 A. 미카엘리스가 《파르테논》(1871)에서 매긴 것으로, 이 체계가 현재까지 사용되고 있다. 패널 번호는 라틴어 숫자로 부여된다. 블록에 새겨진 형상들의 번호는 아라비아 숫자로 부여된다. 프리즈의 각 방향은 별도로 번호가 부여되고, 블록 I과 형상 I부터 시작된다. 따라서 남쪽 면은 남서쪽 모퉁이에서 번호가 시작되고, 동쪽 면은 남동쪽 모퉁이에서 번호가 시작된다. 북쪽 면은 북동쪽 모퉁이에서 번호가 시작되고, 서쪽 면은 북서쪽 모퉁이에서 번호가 시작된다.

이 번호 부여는 연속되지 않는데, 미카엘리스가 상당히 훼손된 상태의 건축물을 보았기 때문이다. 일부 블록들은 정리가 안 되어 있다. 이것들은 미카엘리스가 보았을 당시에는 땅바닥에 누워 있었던 것일 수도 있다. 어떤 번호들은 한 번 이상 사용되었기에 별표(*)로 다른 대리석 블록임을 표시한다. 이 블록들은 미카엘리스가 도면을 작성할 때 유실되고 없었다. 초기 기독교 시대 동안에는 긴 측면 양쪽을 따라 창문이 열려 있었고, 이는 다이어그램에 ■ 로 표시되었고(256쪽 도면 참조), 그 블록들은 버려졌다. 다른 블록들은 자크 캐리의 스케치를 통해서만 알려져 있다.

중요한 사실은 다음 목록이 최종본이 아니라는 것이다. 복원 작업은 아직 진행 중이고, 새로운 프리즈 파편들이 계속 발견되고 있다.

남쪽 면

I	절반은 원래 위치에 있음; 절반은 대영박물관에 있음
II	원래 위치
III	대영박물관
IV	원래 위치
V	대영박물관
VI	대영박물관
VII	대영박물관
VIII	대영박물관
IX	대영박물관
X	유실
XI	대영박물관
XII	대영박물관
XIII	대영박물관

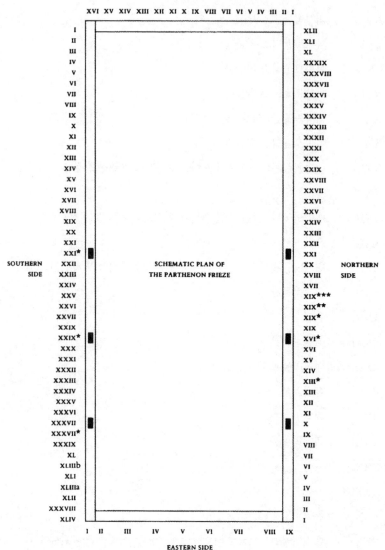

| 파르테논 프리즈 배치 도면

IV	아크로폴리스 박물관
V	대영박물관
VI	아크로폴리스 박물관
VII	유실; 작은 파편 하나가 아크로폴리스 박물관에 있음
VIII	아크로폴리스 박물관
IX	유실; 작은 파편 하나가 아크로폴리스 박물관에 있음
X	아크로폴리스 박물관
XI	아크로폴리스 박물관; 윗부분은 대영박물관에 있음
XII	대영박물관; 형상 47의 두상은 아크로폴리스 박물관에 있음
XIII	유실; 아크로폴리스 박물관에 작은 조각 소장
XIII*	유실
XIV	대영박물관
XV	유실; 파편 하나가 아크로폴리스 박물관에 있음
XVI*	유실
XVI*	유실
XVII	아크로폴리스 박물관
XVIII	대영박물관
XIX	아크로폴리스 박물관
XIX*	유실
XIX**	유실
XIX***	유실
XX	유실; 작은 파편 하나가 아크로폴리스 박물관에 있음
XXI	대영박물관
XXII	대영박물관; 형상 64, 65의 일부가 아크로폴리스 박물관에 있음
XXIII	대영박물관
XXIV	대영박물관

페디먼트 조각 (자크 캐리의 그림에 따른 명칭)

동쪽 페디먼트

A	대영박물관
B	대영박물관
C	원래 위치
D	대영박물관
E	대영박물관
F	대영박물관
G	대영박물관
H	대영박물관
J	유실
K	대영박물관
L	대영박물관
M	대영박물관
N	유실
O	대영박물관
P	원래 위치

서쪽 페디먼트

A	대영박물관
B	아크로폴리스 박물관
C	아크로폴리스 박물관
D	유실
E	아크로폴리스 박물관
F	유실

G	유실
H	대영박물관
J	유실
K	유실
L	대영박물관; 형상의 두상은 아크로폴리스 박물관에 있음
M	대영박물관; 파편 하나가 아크로폴리스 박물관에 있음
N	대영박물관
O	대영박물관
P	대영박물관
Q	대영박물관
R	대영박물관
S	유실
T	유실
U	아크로폴리스 박물관
V	아크로폴리스 박물관
W	원래 위치

F. 브로머는 자신의 저서 《파르테논의 조각들 *Die Skulpturen der Parthenon-Giebel*》 (Mainz, 1963)에서 그 외에도 250개에 달하는 파편을 나열하는데, 이것들 대부분이 아크로폴리스 박물관에 소장되어 있다.

부록 2

1816년 하원 의회 의사록

엘긴의 청원서는 1815년 6월 15일 처음 의회에 제출되었지만 반려되었다. 그것은 1816년 2월 15일에 재차 반려되었다. 그다음으로 의사록 1816년 2월 23일과 6월 7일에 다음과 같이 기록되어 있다.

1816년 2월 23일 엘긴 백작의 청원서

재무부 장관이 서두 발언을 함.

재무부 장관　　고지한 대로 엘긴 백작이 소유한 대리석 조각 컬렉션에 대한 안건을 의회에서 처리해주기를 바란다. 지난 회기가 마감될 무렵 엘긴 백작이 의회에 청원서를 제출했다. 정부가 자신의 컬렉션을 매입해 공공 용도로 활용하기를 희망하며 컬렉션의 가치를 심의해달라고 간청하는 내용이었다. 엘긴 백작이 그 귀한 물건들을 소유하게 된 정황은 잘 알려져 있으므로 길게 설명하여 의원들을 성가시게 하지 않겠다. 이 조각들은 엘긴 백작이 콘스탄티노플에서 대사직을 수행하던 도중 백방으로 노력하고 제법 많은 비용을 지불하고 취득한 것으로, 과거 서유럽에서 만들어진 어떤 예술품보다 가치가 뛰어나다는 평가를 당연히 받으리라 여겨진다. 엘긴 백작과 일면식이 있는 이라면 누구나 백작이 오로지 예술을 진보시킨다는 목적에서 그리했음을 안다. 하지만 반복해 설명할 필요가 없는 당시의 정황을 돌이켜보건대, 백작은 자신의 관대한 의도를 충족시킬 수 없고 공공이 자신의 컬렉션을 향유하지 못할까 봐 노심초사하고 있다. 엘긴 경에게 보상할 액수에 관해서는 의회의 결정을 따르겠다. 컬렉션의 가치는 명백하므로 굳이 뛰어난 예술가들의 고견을 수렴하지 않아도 될 것이다. 물론 여태 발견된 진품 가운데 가장 시기가 이르므로, 이 본보기를 보유하게 된다면 영국에 자랑스러운 일이 될 것이다. 유럽의 컬렉션을 모두 합쳐도 이 컬렉션의 가치를 따라잡지 못할 것이다. 그럼에도 위원회가 합당한 조사를 진행해서 컬렉션의 가치를 심사할 것이라 믿는다. 의회의 양원 모두 국가의 현 상황을 고려해 불필요한 지출을 삼가자는 의견에 동조하고 있다. 하지만 이번 기회를 놓치면 다시 기회가 오지 않는다는 점도 잊어서는 안 될 것이다. 그럴 가능성은 없다고 보지만, 순식간에 이 놀라운 예술품이 외국 구매자들에게 처분되어 흩어질 수도 있다. 의회는 전에도 귀중한 컬렉션을 취득할 기회가 있었고, 그것은 공공의 목적을 위해 그리고 공공 기반 위에서 이용될 수 있었다. 지금 더 찬란한 컬렉션을 매수해달라는 제안을 받았고 페이디아스의 작품이 영국 국민의 자산이 된다면 대단한 사건이 될 것임이 분명하다. 이 나라의 왕실뿐만 아니라 예술을 영예롭게 하고자 백작도 동의한다. 현재 예술 분야 가운데 조각이 영국에서 가장 꽃피지 못하고 있기 때문이다. 따라서 다음의 의안을 상정하고자 한다. "지난 2월 15일 제출된 엘긴 백작의 청원서를 특별위원회에 회부해, 공공을 위해 상기 컬렉션을 매입하는 것이 적절한지 여부와 그 가치에 합당한 합리적인 액수를 심의해주기 바란다."

오슐스턴 의원　　　이런 흥미로운 컬렉션을 국가가 매입해 국민이 향유하게 하자는 것에 반대할 이유는 없다. 하지만 통치자가 엄연히 존재하는 외국 영토에 주재한 대사가 그 나라에 소속된 물건을 전유專有해 이득을 취할 권리가 있는지의 문제가 나올 수 있다. 엘긴 경은 일개 개인이 아니라 자신이 대표하는 국가의 권력과 위대함과 관련된 권리를 이용해 이 고대 걸작 조각들을 입수했다. 따라서 백작이 이 조각들을 가져오면서 일으킨 문제를 감안해 백작이 쓴 비용을 넘지 않는 선에서 보상해야 한다고 생각한다.

뱅크스 의원   위원회는 엘긴 백작이 어떤 과정을 거쳐 조각들을 취득했는지, 비용을 얼마나 썼는지, 또 대중이 어느 정도 이미 점유했는지 확인해야 한다. 엘긴 백작은 일개 여행자로 볼 수 없으므로 업무 도중 수집한 그 어떤 것도 원하는 가격에 처분할 권리가 없음이 명백하다. 백작은 취득 과정에서 영국 대사라는 직위를 이용해 편의를 도모했다. 매입가 문제는 의회에 일임하는 대신 백작 자신이 바라는 가격을 정하는 것이 낫겠다고 천명한다. 이 모든 정황을 고려하건대, 불편하고 수고스러운 업무를 감당해야 하고 또 어려운 시대 상황을 절절히 감안하더라도, 이 컬렉션의 가치는 인정할 만하고 그 자체로 타의추종을 불허하며 또 공공이 보유해야 한다고 바라기에, 재무부 장관께서 상정한 안건에 찬성할 수밖에 없다.

애버크롬비 의원   이것은 대사로서 자신의 직위를 이용해 자산을 획득하고 전유해도 된다는 선례를 허용하면 안 되는 공직 의무의 문제임에 동의한다. 하지만 엘긴 백작이 자신이 어느 정도 편의를 보았는지를 알릴 것이라고 확신한다. 합리적인 매입가를 정하는 데 걸림돌이 되고 있는 이유에 대해서는, 재무부 장관께서 생각하는 것만큼 어렵지 않게 해소될 것이라고 생각한다. 이 조각들이 정말로 대중에 공개되어야 할 만큼 귀중한지 여부를 심의하고, 그런 다음 엘긴 백작이 이것들을 입수해서 영국으로 들여오기까지 지출한 비용도 정확히 확인해서 공개해야 한다. 그러면 의회가 그 액수를 엘긴 경에게 지불할지 여부를 결정하는 일이 남는다. 전체적으로 이 의안에 대한 의견은 하나밖에 있을 수 없고 위원회의 결정에 반대가 없을 것이라고 믿는다.

고든 의원   이 의안에 대한 의견은 오직 하나만 있을 수 있다고 하지만, 판단하건대, 지금처럼 국가가 궁핍한 상황에서 의회에 조각상을 일괄로 매입해달라고 요청할 수는 없다고 생각한다. 이 조각들이 아무리 영국 예술의 수준을 향상시키는 데 도움 된다고 해도, 현 시점에서 불필요한 비용 지출은 현명하지도 적절하지도 않다. 따라서 재무부 장관께서 지금 국가를 억누르는 부채가 줄어들 때까지 의안을 연기하기 바란다.

티어니 의원   이 예술품들이 영국 전역으로 흩어지거나 국외로 유출될 수도 있다는 걱정을 하지 않을 사람은 없다. 본 의안은 엘긴 경이 이 조각을 취득하는 데 공직을 이용했는지 여부와 그로 인해 지출한 비용, 그리고 위원회의 결정에 동의할지에 대한 심의가 목적이다. 뛰어난 예술가들이 평가하는 이 조각의 가치에 관한 심의가 목적이 아니다. 위원회가 이것을 처리하는 데 지침을 정해야 한다고 생각한다. 엘긴 경이 이미 매입에 대해 퍼시벌 수상께 의뢰했고 수상께서 제안한 액수를 거부했다는 진술이 있었다. 따라서 이 안건이 왜 다시 상정되어야 하는지 이유를 알 수 없다. 이 조각을 입수하는 데 든 비용의 범위에 대한 질의를 시작해야 한다고 생각한다. 일부를 군함으로 들여왔으니 공적 비용으로 지출된 셈이다. 대사로서 예술품으로 국가를 풍요롭게 하려는 용기에서 그렇게 했다면, 재무부 장관의 제안은 신뢰할 만하다고 하겠다. 하지만 엘긴 경이 자신의 공적 직위를 이용했고 이제 그 소유자로 불린다면, 이 제안에 동의할 수 없다. 현재 국가의 재정적 여건을 고려하건대 의회가 매입을 권고하는 것은 부적절하다고 생각한다. 재무부 장관께서 보유하는 것이 매우 바람직하다고 발언했다. 그 말이 사실일 수 있고 본인도 보유하기를 바라는 마음이 크지만 그럴 수 없어서 유감이다. 하지만 본 의원은 의원으로서 나름의 방도를 고려해야 하고, 재무부 장관께서도 똑같이 하기를 바란다.

C. 롱 의원   위원회의 결정을 찬성한다. 영국 예술 발전에 더할 나위 없이 도움이 될 컬렉션을 공공이 취득할 기회를 놓친다면 유감스러울 것이다. 만약 의회가 엘긴 경의 컬렉션 매입을 거부하면 백작이 그것을 처분하지 못하게 막기 힘들다.

프레스턴 의원   본 의안에 반대한다. 이 사례가 끼칠 여파와 국가의 재정 여건이 근거이다. 엘긴 경은 먼저 나서서 그것을 국가에 무상으로 기증해야 한다. 만약 대사들에게 이렇듯 투기를 장려한다면 많은 이들이 장사꾼이 되어 귀환할 수 있다고 생각한다. 이 컬렉션의 가치를 따져 지불하는 데 동의할 수 없지만, 그것을 들여오는 데 들어간 비용 정도는 보상할 수 있다고 생각한다. 그러나 엘긴 경이 위원회의 결정에 따를지는 알 수 없다.

브로엄 의원   유감스럽지만 의원으로서 직무를 다하기 위해 위원회의 결정에 반대한다. 한편으로 이 컬렉션이 영국의 소유가 되면 지극히 바람직하다는 다른 의원들의 의견에 동의한다. 우리가 이런 종류의 기쁨을 향유하기를 바라는 것이 합리적이지만, 의원이라면 그 문제의 이면을 돌아볼 의무가 있다. 이 나라는 지금 쓸 돈이 없다. 사고 싶은 물건이 아주 많고 아주 싼 가격에 살 수 있지만 주머니에 돈이 한 푼도 없다는 걸 깨달은 여느 개인들과 상황이 다를 바 없다. 이 컬렉션을 매입하려면 4만 내지 5만 파운드가량 들겠지만, 그중 1만 파운드, 1만 2,000파운드도 국민에게 부담지울 수 없다. 가능한 한 제 비용을 삭감하고 있는 시국이다. 여유가 있다면 장교 후보생들의 상황을 돌아보고 봉급을 반밖에 못 받고 있는 공무원들과 조기 은퇴자들부터 먼저 보조할 생각을 해야 한다. 현재는 이들을 지원할 여력조차 없다. 이들에게 빵을 주지 못하는 형편에 돌조각을 구입하고 만족할 수는 없다. 따라서 현 의안을 반대하는 것이 의원의 의무이고, 사전 의안을 발의함으로써 이 의안을 종결해야 한다고 느낀다.

존 뉴포트 경　　이 대리석 조각들이 국가에서 매입을 승인할 만큼 정당한 과정을 거쳐 획득되었는지 진심으로 납득할 수 없다. 따라서 의안의 수정을 찬성할 수밖에 없다.

재무부 장관　　위원회가 물론 엘긴 경의 비용 문제를 신중하게 살펴보고, 또한 매입가가 적절하게 책정되었는지를 검토할 것이다. 그러나 또다시 이 의안을 연기하면 때는 늦을 것이다. 이토록 최고의 가치를 지닌 컬렉션의 소유권을 보유하기 위해 필요한 모든 안전장치를 갖출 때까지 안건 토의를 미루는 건 분명 바람직한 일이다. 그러나 엘긴 경은 이 컬렉션을 어느 누구에게도 팔지 못하는 엄청난 부담을 떠안을 수밖에 없으며, 그때는 의회가 구입을 거절하는 게 적절할 것이다.

배빙턴 의원　　이 컬렉션을 취득한 방식에 약탈의 성격이 있다고 생각한다. 이 컬렉션이 어떻게 입수되었는지를 분명히 하는 게 나라의 명예를 위해서도 중요한 일이다. 우리는 현재 다른 국가들로부터 많은 관심을 받고 있다. 아마도 질투일 것이다. 우리가 술술 풀어나가면 크게 기뻐할 나라도 있다. 따라서 거래 과정 전부가 국가의 명예와 직결되어 있다는 점을 유념하기 바란다. 정당하게 취득한 것이 아니라면, 이 고대 유적에 연루되지 않기를 바란다.

크로커 의원　　위원회가 재무부 장관께서 언급한 의안을 심의하는 것이 바람직하다. 엘긴 경과 국가의 명예가 합치하는 정황을 확인할 수 없다면 찬성표를 던질 수 없다.

　　사전 질의가 상정되어 거부됨. 그 후 주요 질의에 대한 동의안이 처리되고 위원회가 지명됨.

<u>1816년 6월 7일</u>

〔엘긴 마블스〕

의회는 이 안건을 예산위원회에 회부하기로 결정함.

뱅크스 의원   5년 전에 이 안건을 논의해 결정하지 못한 것이 유감스럽다. 현재의 상황에서 본 의원의 제안이 상당한 반대에 부딪칠 것이라 예상되기에 위원회의 시간을 많이 허비하지 않겠다. 국민의 취향을 고취하거나 향상하기 위해 과학이나 예술 관련 컬렉션을 구입하는 것은 이 나라의 명성과 직결되므로, 전쟁 중이라는 어려운 때에도 의회는 기꺼이 그 계획들에 귀를 열어놓았다. 프랑스와의 전쟁 때도 가치 있는 기념물을 더 가져오기 위해 공채를 발행하지 않았던가! 랜스다운 필사본을 매입한 사례[1]가 있었다. 그리고 현 의안과 더 유사한 사례로, 1795년[2]에 타운리 대리석 조각 컬렉션을 매입한 적이 있다. 당시는 전쟁이 막 시작되어 그 끝을 내다보기 힘든 시절이었다. 지난 회기에 눈부신 승리를 거둔 워털루 전투를 기리는 국가 기념물 조성에 많은 의원이 동의했다. 이번 회기에도 시간이 조금 지났지만 트라팔가 해전 승전[3] 기념 공원 조성에도 의회는 동의했다. 이런 선례에서 보듯이 재정적 이유로 반대하지 않았다. 엘긴 마블스 매수를 거절하면 공공은 그것에 대한 모든 권리를 포기해야 하고, 엘긴 경은 구입 의사가 있는 누구와도 거래할 자유를 얻는다. 엘긴 경에 대한 대중의 주장은 모순될 수밖에 없다. 강제로 컬렉션을 가져올 권한은 없지만, 공정한 가격에 선매할 권리가 있으니 국외로 유출을 금지한다는 것이다. 신사들로부터 의도가 현재 승인에 반대하는 것이라고 듣지는 않았

---

1   1807년 의회가 랜스다운 후작에게서 사들인 필사본 등으로 현재 대영박물관에 소장되어 있다.

2   찰스 타운리(1737-1805)의 대리석 조각을 대영박물관이 구입한 것은 1805년으로 추정된다.

3   1805년 10월.

지만, 의회를 압박할 필요가 없다고 생각한다. 공공의 취향과 교양을 개선하여 나라 전체에 가져올 엄청난 파급력을 고려한다면. 훌륭한 본보기를 공공의 소유로 하는 것보다 공공의 이익을 더 촉진할 방법이 있을까? 엘긴 경은 영국 대사가 아니었다면 이 조각을 취득할 수 없었을 것이 분명하다. 하지만 영국 대사라는 직위가 전부는 아니었다. 엘긴 경의 작업에 대해 콘스탄티노플 정부나 현지 당국 어디서도 이의를 제기하지 않았다. 또한 이 일로 어느 누구도 불명예를 안거나 직위를 잃지 않았던 듯하다. 아테네 현지 당국은 호의적이었을 뿐만 아니라 투르크인과 그리스인은 일꾼으로 참여해 기꺼이 작업을 도왔다. 위원회에서 엘긴 경이 작업을 진행했던 시기와 그 직후 아테네에 남아 있던 사람들을 조사했다. 증언이 일치되는 것으로 보아 현지인들은 그 칙령을 실행하는 데 호의적이었을 뿐 아니라 돈을 위해 기꺼이 협력했다. 따라서 프랑스인들이 부적절하고 억압적으로 수많은 예술품을 가져갔던 것과 전혀 같지 않다. 이 조각들이 원래의 합법적인 소유자에게 돌아가면 기쁠 것이다. 일부 의원도 원래의 주인에게로 돌아가야 한다고 생각했다. 그런데 어떻게 그렇게 할 수 있을까? 공공의 자산으로 여겨야 할까? 우리에게 선매할 권리가 있지만, 엘긴 경에게 보상도 없이 가져올 권리는 없다. 그렇다고 그것의 가치를 모르는 족속에게 돌려주기 위해 매입해야 할까? 이 작품들은 떼어내기 전부터 이미 파손과 위험에 노출된 상태에 있지 않았을까? 그곳의 기후가 북쪽에 가까운 영국보다 양호한 것은 분명하다. 하지만 그 조각들은 급격히 부식이 진행되고 있으며, 현지인들은 화재와 같은 재난에서 문화유산을 지키는 데 무관심하다. 또한 계몽된 여행자들이 그 파편들을 가져가면서 고통을 계속 받고 있다. 특히 프랑스 정부가 이를 갖기 위해 계책을 꾸몄던 전모가 드러났다. 하지만 지금은 우리에게 있다. 국민은 이것들을 처리할 권리가 있다. 그런데 하원은 그것을 보유하기 위한 노력을 하지 않았고, 특히 지난 전쟁 동안 완전히 방치했다. 예술품의 가격은 변덕스럽다는 말이 있다. 가장 뛰어난 예술가들이 위원회에 조언하기를, 이 조각들은 최상위 수준이고 예술이 복원된 이래 제작된 걸작들 전부보다 가치가 월등하다고 평가했다. 절대적으로 뛰어난 예술 유파를 형성해도 될 정도라고 평가했다. 의회는 타운리 컬렉션 사례에서 가격에 관한 실제적 자료를 갖추었다. 작품의 수나 제작 시기, 운반 거리, 진품 여부 등을 감안할 때 엘긴 컬렉션은 타운리 컬렉션보다 가치가 월등하다. 타운리 컬렉션의 가치가 2만 파운드였으니, 여기에 적어도 1만 5,000파운드를 더 얹어야 한다. 외국의 한 왕자가 이 조각들에 대한 구매 의사를 내비쳤다고 한다. 이런 기회는 다시 오지 않을 것이다. 영국에서건 다른 나라에서건 이렇게 뛰어난 다량의 진품 컬렉션은 유례를 찾기 힘들다. 이탈리아의 경우 고대 예술품이 여러 장소와 시기에 발굴되었다. 그러나 우리에게는 아테네의 가장 유명한 신전에서 나온 장식물 일체가 있다. 컬렉션의 가치를 따지는 데는 그것을 구성하기 위해 든 비용도 감안해야 한다. 엘긴 경이 들인 돈은 이자를 빼고 원금만 계산해도 어마어마하리라 생각한다. 1811년에 퍼시벌 수상은 3만 파운드를 제시했는데, 최소 그 정도의 비용이 소요되었으리라 짐작된다. 그러나 1811년 이후 80점 이상이 추가되었고, 전문가들은 그것만 해도 5,000파운드가 넘는다고 추정한다. 이 모든 정황을 고려해서 제안하는 바이다. '엘긴 마블스의 매입에 대해 다른 일체의 공제 없이 3만 5,000파운드에 승인해주기를 바란다.'

커웬 의원   승인에 반대 의사를 표시했다. 예술품의 중요성에 대해서는 뱅크스 의원의 말에 진심으로 동감한다. 뱅크스 의원이 워털루 전투와 트라팔가 해전 희생자들을 위한 기념물 조성에 대해 언급했다. 하지만 현재 여건에서 그 과정을 되짚어보기를 희망한다. 어떤 기념물도 그 승리나 거기에 참여했던 영웅들의 영광에 빛을 더해줄 수는 없다. 일전에 작성된 재정 내역서에 따르면, 지출이 수익보다 약 1,700만 파운드가 많았다. 수익이 더 많아지기를 바란다. 현 상황에서 몇몇 개인에게 기쁨을 주기 위해 국가 기금으로 이 컬렉션을 구입하는 게 적절한 것인가? 우리가 공공 자금을 낭비하는 경향으로 빠르게 나아가고 있다. 이 예술품이 제작된 나라를 잠식해 들어갔듯이. 취향과 감정이 부족하다는 오명을 입더라도, 의회가 이 컬렉션을 존중하는지 여부와 상관없이 현 상황을 고려해 구입을 자제해야 한다. 매입이 이루어지려면 액수를 대폭 삭감해야 한다.

J. W. 워드 의원   커웬 의원과 마찬가지로 방만한 지출에 반대하고, 또한 그것에 대한 구실을 용납하면 안 된다고 생각한다. 그럼에도 현재가 공공에 이익이 될 다시없는 기회이다. 그리고 경제적 원칙에 반하지 않기에 본 의안에 찬성한다. 그리스에 대한 약탈이라는 점에 관해서는, 이런 신성한 유물이 축성된 지역에서 가져온 것이라면 누구보다 내키지 않는다. 본 의원은 누구보다 국가 감정을 존중한다. 하지만 이 물건들은 파괴가 진행 중인 나라의 땅에 널브러져 있었다. 그리고 그 나라 국민이 이렇듯 귀중한 유적이 파괴되기 직전인 상황에 대해 어떻게 생각하는지 확인하기를 바란다. 제안된 매입가에 대해서는, 우리가 매수하지 않으면 다른 나라의 왕들이 구입할 것이 자명하다. 그리고 액수는 틀림없이 이 컬렉션의 가치를 넘어서지 않는다.

해머슬리 의원   이 컬렉션을 취득하는 과정에서 드러난 정직하지 못한 행위를 근거로 반대한다. 조각상의 가치에 대해서는 발의자의 의견에 동의하지만 정의를 생각하지 않을 수 없다. 그리스가 이 조각상들의 반환을 요구한다면, 근거로 내세울 수 있는 게 일부 파편에 대한 채취를 허락했던 칙령뿐이지 않은가? 예카테리나 2세 여왕은 자신의 손자인 콘스탄틴 대공을 새로운 그리스 황제로 앉히고자 했다. 여왕의 계획이 성공해서 그리스가 독립국이 되었다면, 여왕의 가장 귀중하고 고귀한 영광을 상징했을 신전이 헐리는 것을 보고 어떻게 생각했을까? 위원회에서 수집한 증거에 따르면, 투르크 정부가 이 유적에 아무런 가치를 두지 않았다는 주장은 사실이 아님이 밝혀졌다. 엘긴 경도 하루에 5기니를 내고 자신이 고용한 예술가들을 그곳에 들일 수 있는 허가를 얻었다. 본 위원회 전에 노샐러턴 출신의 의원(모리스)이 한 증언에 따르면, 아테네 총독에게 조각들이 떨어져 나갈 때의 심정을 물었을 때, 그의 입장에서는 조각보다 돈을 받는 게 더 좋다는 대답을 들었다고 했다. 하지만 돈을 받는 것 이상도 생각하고 있었다고 했다. 또한 뜯겨 나간 조각들이 손상되기 쉽지만 어쨌든 시간 낭비일 뿐이라는 진술도 들었다. 투르크인들이 조각상에 관례적으로 총격을 가했다는 것과 같은 사례를 들어본 적 없다고 했다(똑같은 증인이 말했다). 그러나 투르크인들이 이 조각들을 귀중하게 여기건 아니건, 의문은 바뀌지 않는다. 취득 과정에서 보인 부적절한 방식을 근거로 반대한다. 엘긴 경 본인이 제출한 증거에 따르면, 당시 투르크 정부는 영국의 요청을 들어주지 않을 수 없는 상황이었다. 마치 우리가 비난했던 프랑스가 이집트에서 벌인 일과 다를 바 없다. 영국 대사가 프랑스와의 전쟁에서 승리한 기회를 이용해 아테네라는 도시를 강탈한 것이다. 애버딘 백작은 어떤 여행객도 그곳의 물건을 옮기지 못하게 하였다고 진술했다. 그러나 조각들의 취득 방식과 관련하여 헌트 신부가 주목할 만한 증언을 내놓았다. 신부는 칙령을 받으려면 선물을 줘야 했다고 했다. 그러므로 뇌물이 개입된 정황이 분명하며, 성직자까지 중개인으로 끌어들였다는 사실이 안타깝다. 우리가 가져온 이 물건들을 되돌려주어야 한다. 또한 엘긴 경은 경비 7만 4,000파운드 가운데 2만 4,000파운드가 이자라고 주장했다. 그 손실의 일부는 엘긴 경이, 일부는 국가가 부담해야 한다. 엘긴의 이런 약탈 행위를 국가가 막지 못한 것이 안타깝다. 하지만 이미 엎질러진 물이므로 우리는 얼룩 자국을 지우기 위해 노력해야 한다. 이 유적들을 우리 박물관에 전시하여 불명예를 자초하지 말고, 우리나라의 대사가 자신과 나라를 불명예스럽게 한 뇌물은 즉시 돌려주어야 한다. 따라서 다음의 수정안을 제안하는 바이다. "본 위원회는 엘긴 경이 아테네에서 이 조각들을 가져와 소유하게 된 경위를 고려할 때, 엘긴 경이 국가를 대표하는 대사라는 고위 관리로서 직위를 이용해 자신이 파견된 정부에 귀속된 귀중한 자산을 취득하면 안 된다는 사실을 망각했다니 유감이다. 엘긴 경은 특히 그 정부가 대영제국에 고귀한 의무를 표하고 있는 이 시점임을 유념했어야 했다. 하지만 본 위원회는 엘긴 백작이 금전적 이익을 꾀하려는 동기가 결코 없었다고 생각하며, 오히려 가장 귀중한 고대 조각을 엄청난 위험과 수고를 무릅쓰고 취득해서 국가를 이롭게 하려는 욕구 때문이라고 믿는다. 따라서 위원회가 본 사례의 특수성을 감안하여 엘긴 경의 컬렉션에 대해 2만 5,000파운드를 지불하여 정부가 부적절하게 들여온 것을 환수하고 보유하는 게 옳다고 여겨진다. 또한 영국 정부가 현재든 미래든 아테네가 요구한다면 문제제기나 협상 없이 가져왔던 장소로 돌려줄 것이며, 그때까지 대영박물관에서 세심하게 보관할 것임을 알려야 한다."

크로커 의원　　　토론 시간을 뺏고 싶지 않지만, 앞의 발언 가운데 두어 가지를 짚고 넘어가지 않을 수 없다. 하나는 해석이 필요하고, 나머지 일부는 관련된 내용이 누락되었다. 이렇게까지 비극적인 현란함과 정황으로 가득 차서 우스꽝스러운 결의안을 결론짓는 발언을 들어본 적 없다. 아테네의 영광을 말하고 약탈의 부당성에 대한 장광설을 늘어놓은 다음, 미래에 이 고대 지역을 점령할 정복자에게 우리 감정을 이해해달라고 하고 우리가 파렴치하게 보유한 것의 권리가 그들에게 있다니 도를 넘는 발언이다. 또한 해머슬리 의원께서 기념물을 원래의 소유자가 아니라 그리스의 미래 정복자라고 본 예카테리나 여왕의 후예에게 돌려주어야 한다는 보기 드문 요구를 하셨다. 이렇게 되려면 러시아가 이것을 먼저 약탈을 해야 하고, 우리는 약탈에 대한 공포 때문에 이것을 돌려주기로 하며, 그들이 우리를 부추겨 보상하려 들어야 한다! 우리가 미래 정복자를 위해 그것을 보유하고 있다가 탐욕스럽고 피비린내 나는 일이 끝나면 소유권을 돌려주어야 한다는 것인가. 그렇다면, 우리 박물관은 러시아를 위해 기념물을 보관하는 수장고이고, 우리 정부는 우리 돈을 들여서 저들이 돌려달라고 할 때까지 보존하기 위해 매입해야 한다는 말인가. 감히 말하는데, 이것은 의회에서 들었던 가장 터무니없는 발언이다. 매입 문제는 경제에 대한 고려와 뒤섞여 있었다. 의회는 이런 시국에 단지 장식물을 소유하기 위해 엄청난 비용을 지불하면 안 된다는 경고를 듣고 있다. 그러나 누가 이 비용을 지불할 것이며 누구를 위해 매입하는가? 바로 우리 국민을 위해, 우리 영국의 명예를 위해, 영국 예술의 진흥을 위해, 우리의 예술가들을 위해, 그리고 우리의 제조업자들을 위해서이다. 이 탁월한 예술품에 결국 우리 영국 예술의 발전이 달려 있다. 2,500년 전 페리클레스가 이 작품들, 지금 우리가 지금 취득하고자 하는 물건들로 아테네를 치장했을 때도 재정적인 이유로 반대에 부딪쳤는데, 그가 찾은 답을 지금 반복해도 될 듯하다. 국민을 위해, 예술을 장려하고 제조업을 증진시키고 무역을 번영시키고 산업을 장려하기 위해 돈을 쓴다는 것이다. 단지 취향이 고상한 몇몇 사람들의 눈을 즐겁게 위함이 아니라 예술가, 기계공, 그리고 노동자들을 격려해 창작과 노력을 이끌어내 사회 모든 분야로 고취된 정신과 냉철하고 근면한 수단을 파급시켜 부富를 발생시키고자 함이다. 고대의 천재성과 취향이 이루어낸 이 귀중한 유물을 소유하는 것이 우리 예술의 완성도를 높일 뿐 아니라 국가적 자긍심, 우리의 부와 우리의 위대성도 높일 것이다. 엘긴 경의 노고 덕분에 우리가 이처럼 귀중한 장식품을 계속 보유할지 여부와 만약 보유한다면 가장 위대하다는 장식품들을 혹독하고 부당하게 다룬다는 비난을 면할 계기를 갖게 되었다. 오랫동안 이 문제를 조사한 결과 엘긴 경을 비난할 만한 구석을 찾기 힘들었다. 위원회는 이 예술품들을 취득하고 이 나라로 들여온 경위를 조사한 결과 혐의점을 전혀 찾을 수 없었다. 이렇듯 엘긴 백작의 행위는 세상의 눈으로 봐도 완벽히 정당했다. 본 의원은 위원회에 지명되기 이전부터 엘긴 경과 일면식이 있었지만 당연히 편파적인 시각이 있을 수 없다. 위원회의 다른 의원들도 마찬가지라고 믿는다. 그 의원들 모두 심의가 시작되기 전부터 전혀 편견을 갖지 않았기에 만족할 만한 결론에 도달했다. 의원들 모두가 엘긴 경의 행위와 주장에 만장일치로 찬성했고, 이 결의안은 보고서로 제출되었다. 방금 약탈, 신성모독의 행위라는 발언에 대해, 보고서에 명시된 증언에 근거해 엘긴 경의 편에서 몇 마디를 하겠다. 엘긴 경은 결코 강탈하겠다는 신념을 갖지 않았다. 엘긴 경은 수리가 필요한 것은 손대지 않았고, 이미 파괴된 것에만 손댔다. 엘긴 경이 아테네에 간 것은 신전을 훼손하고 예술품을 약탈하고 장식물을 가져오기 위함이 아니었다. 아테네의 유명 건축 기념물을 스케치하거나 조각들의 모형을 제작하기 위함이었다. 엘긴 경의 원래 의도는 어느 정도 실행되었고, 그의 컬렉션에는 스케치와 모형이 다수 포함되어 있다. 앞서 아테네에 간 사람들이 스케치를 남긴 유적 상당수가 이미 사라졌고, 그중 일부가 폐허에 묻혔고 일부가 다른 건물의 자재로 쓰이는 것을 목격하고서 엘긴 경의 생각이 바뀌었던 것이다. 프랑스 대사 M. 드 누앙텔이 인상적인 스케치를 남긴 이후로 서쪽 페디먼트 조각이 18점도 넘게 파괴되었다. 엘긴 경이 그 폐허에 집을 구입해 주춧돌 아래를 파헤치기 시작했을 때, 그 땅을 팔았던 사악한 투르크인이 말했다. "당신이 찾고 있는 조각들은 가루를 내 모르타르를 만드는 데 다 써버렸소. 아무리 애써도 헛수고일 뿐이오."〔옳소! 옳소!〕 해머슬리 의원은 왜 이 사실은 언급하지 않는가? 엘긴 경이 야만과 황량함 속에서 살아남은 것들을 구하기로 결정했다고 말하지 않는가? 해머슬리 의원은 보고서를 읽고도 엘긴 백작에게 어떤 변명도 허용하면 안 된다고 생각하는가? 해머슬리 의원은 파르테논에서 가져온 물건 대부분이 폐허에서 발견된 것임을 알지 못하는가? 엘긴 경이 손대기 전에 이미 신전의 3분의 1가량은 쓰레기더미였다. 존경하는 의원(해머슬리 의원)께서 노샐러톤의 의원(모리트)의 발언을 인용했다. 하지만 발언의 일부를 인용하면서 그것을 설명하고 단서가 될 부분은 잊었다. 본 의원은 1796년 아테네를 방문했다. 그리고 5년 후 다시 방문했을 때는 엄청나게 파괴되어 있었다. 처음 방문 때 보았던 한 페디먼트는 8개에서 10개의 파편으로 쪼개져 있었고 온전하지 않았지만 말과 마차의 형상을 알아볼 수 있었다. 다시 갔을 때는 마차와 말은 물론이고 형상 대부분이 파괴되고 두 개만 남아 있었다. 만약 해머슬리 의원이 자료들을 신중하게 검토했다면 엘긴 경이 가져온 조각들 대부분이 이미 파괴되었거나 곧 파괴될 수밖에 없었다는 사실을 알았을 것이다. 테세우스 신전은 보존 상태가 좋아서 스케치하고 모형 작업을 하는 데 그쳤다. 엘긴 경이 문제의 기념물을 취득하기 위해 대사로서의 직권을 남용했다는 말이 많다. 이 비난은 근거가 없다. 엘긴 경은 대사로서의 임무를 끝내고 다시 아테네로 가기 전까지는 단 한 점의 조각도 떼어내지 않았다. 루시에리 씨는 지금도 엘긴 경에게 고용된 상태인데, 그가 여전히 대사의 직권을 이용한다는 말인가? 엘긴 경이 프랑스에 투옥되었을 때도 일은 계속 진행되었는데, 그때도 대사의 직권을 이용했다는 말인가? 엘긴 경이 스코틀랜드로 돌아와 은퇴했으니 대사로서 지위가 없어지지 않았겠는가? 위원회의 결정을 찬성하고, 앞서 엘긴 경이 직위를 이용했다고 했지만 엘긴 경은 그렇지 않았다. 엘긴 경이 받고 있는 혐의를 믿을 수 없다. 엘긴 경은 이 거래로 개인적 영달을 바라지 않는 데다가 강탈이나 약탈의 근거가 전혀 없다. 영국 귀족의 행동에 대해 부정직함, 약탈, 강탈, 뇌물 따위의 단어를 들먹이는 것을 모른 척하고 있을 수가 없었다. 더욱이 엘긴 경이 부적절한 행위를 했다는 혐의의 근거가 전무한 상황에서 이 조각들을 투르크인들에게 돌려보내자는 제안은 비현실적이고 우스꽝스럽기까지 하다. 이것은 경탄을 자아내는 작품들을 파괴의 비운에서 구해낸 데 대한 보상이다. 작품의 약탈과 쇠락은 여전히 진행 중이므로 우리가 구조한 기념물은 우리가 계속 보관해야 한다. 파르테논의 서쪽 페디먼트를 장식했던 조각상 20개 중 겨우 7개만 온전하다. 지난 세기 초만 해도 말짱했지만, 현재 살아남은 조각 중 가치 있는 것은 몇 개에 불과하다. '가치 있다'라는 것은 다른 나라의 예술품이 아니라 사라진 것들과 비교해서이다. 그러나 그것들은 살아남아 우리 영국의 예술 발전에 지대한 공헌을 할 수 있다는 사실을 이해하고 향후의 주장에서 되풀이되지 않기를 바란다.

베스트 의원(왕실 고문 변호사)　　　엘긴 경이 영국에 들여온 예술품의 가치를 두고 오가는 견해들과 상관없이 그는 적절한 처신을 하지 않았다. 국가의 취향이 고취되는 것도 고려되어야 하지만, 국가의 명예가 더욱 중요하다. 엘긴 경은 왕실의 대리인으로서 외국 궁정에 대한 의무를 지면서 국가의 이익과 명예를 지키기 위해 파견되었다는 사실을 망각했다. 이런 공직은 자신의 의무를 제대로 수행할 때만 독립을 보장받을 수 있다. 엘긴 경은 임의로 칙령을 획득했고 그것을 허가된 내용과 다르게 사용했다. 유럽 궁정에 파견된 대사가 3만 5,000파운드를 받음으로써 의무를 지킨다면 어떡하겠는가? 심지어 엘긴 경이 받은 칙령도 그의 행동을 보증할 수 없다. 칙령 자체도 뇌물이 없었다면 불가능했다. 칙령에 적힌 내용이 건설 작업을 의미한다고 볼 수 있을까? 그것들을 자세히 살펴보고 스케치할 권한을 준 것일 뿐이다. 칙령의 내용이 이 예술품들을 떼어내고 제거해도 된다는 의미처럼 생각되는가? 엘긴 경 본인도 칙령이 어떤 것도 가져가도 된다는 권한을 준 것이라고는 말하지 않았다. 엘긴 경이 잘못을 저질렀지만 그의 계획에는 변명의 여지가 있고 칭찬받을 만한 점이 있다. 헌트 신부가 아테네에서 엘긴 경의 권한에 대해 증언했지만, 그 발언만으로 이와 같은 해석을 기대하기는 힘들다. 헌트 신부도 엘긴 경의 지시에 따라 모든 일을 진행했다고 했다. 또한 칙령을 받는 과정에서 각종 직물과 화기, 영국 공예품이 동원되었다는 논란이 불거졌다. 영국 대사로서 이런 논란에 휩싸여야 했을까? 또한 다른 나라 신하들의 충절마저 더럽혀도 되는 것인가? 우리와 동맹을 맺고 우리에게 복종의 의무를 지고 있는 정부의 신하들을 말이다. 하지만 그 예술품을 영국으로 가져오지 않았다면 투르크인들에 의해 파괴되었을 것이다. 대안이 없었을 수도 있다. 투르크인들이 그 유물을 존중하는 외국인들과 멀리서 경의를 표하러 찾아오는 여행자들을 보고 나서 그 가치를 알았을 수도 있다. 영국으로 그것을 가져간 사람이 3만 5,000파운드를 받을 것이라는 소식을 듣고서 그 가치를 알았을 수도 있다. 엘긴 경이 이 고대 유물을 가져옴으로써 우리 예술 발전에 큰 도움이 된다는 주장이 돌고 있다. 이 주장에 동의하지 않고, 미심쩍은 점이 있다. 예술품은 원래 있던 곳에 있을 때 최고의 예술성을 발휘하는 듯하다. 더욱이 투르크인들은 눈앞에서 이것들을 약탈당했다는 사실을 인정하는 데 앞으로 더 신중해질 것이다. 이 조각들은 투르크와의 신뢰 관계를 무너뜨리고 영국에 건너왔다. 따라서 매입에 대해 찬성할 수 없다. 약탈의 동조자가 되지 않기 위해서다. 재정적 근거로는 반대하지 않으나, 정의를 근거로 반대한다.

윈 의원   엘긴 경의 처신을 파렴치하다고 생각하지 않는다. 또한 취득 과정에서 뇌물을 주었다는 말도 듣기가 거북하다. 투르크인들의 성격을 안다면, 그들이 무언가를 내줄 때 당연히 그 대가를 기대하는 족속이라는 사실도 알 것이다. 이 조각은 외국 정부의 선물이므로 나쁜 선례라고 비난할 수 없다고 생각한다. 비용이 6만 4,000파운드 들었는데 3만 5,000파운드에 매입하는 것도 바람직한 선례라고 생각하지 않는다. 의회는 경제적 원칙에 따라 행동해야 할 책무가 있는데, 이것은 경제적으로 잘못 판단되었고 잘못 적용되었다고 본다. 모든 관점을 고려하건대 이런 기회가 다시 오지 않을 것이므로, 이 승인에 반대하지 않는다.

J. 뉴포트 의원   이 의안에 반대한다. 국가가 부유한 상황이더라도 문제가 있는 대리석 조각을 취득하려는 거래는 정당하지 못하다.

C. 롱 의원   예산을 함부로 쓸 시기가 아니라는 근거에 기초한 반대에 동의한다. 하지만 지금 기회를 놓치면 다시는 이처럼 훌륭한 예술품을 취득할 수 없다. 이런 귀한 고대 유물의 매입은 소수의 만족을 위해 다수가 대가를 치르는 것이라는 말이 맞다. 이 조각을 부정직하게 취득했으므로 2만 5,000파운드를 제안하고, 그의 노고에 감사할 줄 모르는 족속에게 돌려보내자는 제안은 경제 전문가인 의원의 개정안으로서는 합당하지 않다.

밀턴 경   이렇게 귀중한 고대 기념 예술품을 매입하자는 의안에 반대하는 모든 이들이 사과하게 될 수도 있다고 생각한다. 하지만 도덕적 기준을 지켜

취득했다는 의견은 동의할 수 없다. 엘긴 경이 이 나라에서 파견한 대사라는 영향력을 발휘해 취득했고, 이런 정황에서 투르크 정부가 영국 정부의 매입을 의심스러운 눈길로 바라보는 것이 당연하다. 매입 반대에 대해서는 인색하고 무분별한 견해라고 여긴다. 하지만 현재는 특히 어려운 시절이고 최소한의 생계도 버거운 이 나라의 많은 지역에서 폭동과 소요의 불씨가 될 수 있다.

P. 무어 의원　　이번이 마지막 기회라는 발언은 경매장에서 낙찰 직전에 울리는 '없습니까, 없습니까, 네, 팔렸습니다!' 소리를 떠오르게 한다. 외국에서 어떤 제안이 있었다는 말인지 궁금하다. 그리고 엘긴 경이 진 부채로 인해 그 예술품이 정부에 유치된 상태인지도 궁금하다.

브로엄 의원　　우리의 예술을 향상시킬 것이라는 기대와 별도로 이 기념물의 보유가 바람직한가에 대해서는 의심할 여지가 없다. 하지만 우리가 이것을 구입할 여유가 있는가를 묻지 않을 수 없다. 매입가는 대략 3만 5,000파운드일 것이다. 그러나 이 조각들을 매입한 다음에 둘 장소를 마련하고 관리하는 비용을 합하면 7만 내지 8만 파운드가 된다. 정말로 우리 주머니에서 이렇게 큰돈을 꺼내 매입할 만한 가치가 있는 것인가? 매입에 대한 유혹이 커질수록 만족감이 커질 수 있지만, 국가가 감당할 몫을 고려한다면 불필요한 지출을 발생해서는 안 된다.

J. P. 그랜트 의원　　의안에 찬성한다. 엘긴 경이 수집한 귀중한 컬렉션이 이 나라의 나쁜 취향뿐만 아니라 잘못 판단된 재정적 문제도 해소할 것이다.

　　　　의견이 엇갈렸고, 의결 결과 원안 찬성 82인, 반대 30인.

부록 3

뉴 아크로폴리스 박물관 파르테논 갤러리

| 뉴 아크로폴리스 박물관은 아크로폴리스와 불과 300미터 거리에 있다. 이 사진은 파르테논 갤러리가 파르테논 유적지와 병행하여 지어졌다는 사실을 명백히 증명한다.

| 파르테논 갤러리의 벽면은 전체가 유리로 되어 있으며 이를 통해 360도 각도에서 전체 아테네를 조망할 수 있다.

| 파르테논 프리즈가 전시되어 있는 건물 중앙 시멘트 부위는 박물관 건물의 건축적·기능적 형태를 좌우하는 핵심적 골격이다. 스테인리스스틸로 세운 기둥은 파르테논의 기둥과 같은 간격으로 배치되었으며, 유적지를 기념하기 위해 메토프 또한 원본과 같은 위치(높이는 다르다)에 전시될 예정이다.

이미지 저작권 및 출처

이미지 저작권 및 출처

찾아보기

시대의창이 '좋은 원고'와 '참신한 기획'을 찾습니다.

나무에는 결이 있습니다.
나무로 만든 책에도 결이 있습니다.
외형에만 그것이 있는 것이 아닙니다.

글자가 어울린 문장에도,
문장과 문장 사이의 여백에도 결이 있습니다.

이것은 책의 지문입니다.
작가의 땀과 열정이 몸부림친 흔적입니다.
조금씩 어긋나는 세상에 외치는 일갈입니다.
그리고 우리네 삶의 기록입니다.

세상을 비추는 창,
세상을 찌르는 창,
세상을 노래하는 창,
시대의창과 함께
독자에게 오래도록 남을 지문을 가진
땀과 열정으로 가득한 원고와 기획을 찾습니다.

시대의창
sidaebooks@daum.net